LE CINÉMA

YOUSSEF ISHAGHPOUR

LE CINÉMA

DOMINOS
Flammarion

Youssef Ishaghpour. Né à Téhéran, Youssef Ishaghpour vit à Paris depuis 1958, date à laquelle il est venu étudier le cinéma : la prise de vues d'abord, à l'école Louis-Lumière, puis la réalisation et le montage à l'Institut des hautes études cinématographiques (IDHEC). Il entreprend ensuite des études de philosophie. Il est actuellement professeur à l'université René Descartes-Paris V, où il enseigne l'histoire du cinéma.

Ses principaux ouvrages sur le cinéma :

D'une image à l'autre : la nouvelle modernité du cinéma, Denoël, 1982.
Luchino Visconti : le sens et l'image, La Différence, 1984.
Cinéma contemporain : de ce côté du miroir, La Différence, 1986.
Formes de l'impermanence : le style de Yasujiro Ozu, Yellow Now, 1994.
Opéra et Théâtre dans le cinéma d'aujourd'hui, La Différence, 1995.
Archéologie du cinéma et mémoire du siècle, dialogue avec Jean-Luc Godard, Farrago, 2000.
Le Réel, face et pile : le cinéma d'Abbas Kiarostami, Farrago, 2001.
Orson Welles cinéaste : *une caméra visible*, 3 volumes, La Différence, 2001.

Édition revue et augmentée septembre 2001

ISBN : 2-08-035428-0
Imprimé en France

Sommaire

La première fois qu'apparaît un mot relevant d'un vocabulaire spécialisé, explicité dans le glossaire, il est suivi d'un *.

Avant-propos

Le cinéma a cent ans. Il a fortement marqué le siècle. Du début des années 20 jusqu'à la fin des années 50, et à travers le monde, c'est par dizaines, et parfois centaines, de millions de spectateurs que les salles se remplissaient journellement. Depuis que la télévision menace l'existence du cinéma, la fréquentation des salles a diminué, mais elle reste très forte.

Parce qu'elle exige un effort collectif et une multitude de savoir-faire, la production d'un film a été comparée à la construction d'une cathédrale. Et puisque le cinéma s'adresse directement à beaucoup de monde, on l'a qualifié de « cathédrale de l'avenir ». Sans doute, à l'exception des cérémonies des grandes religions ou des retransmissions télévisées de la Coupe du monde de football, peu de cérémonies ou de rituels ont-ils mobilisé d'aussi grandes masses.

Pendant la plus grande partie de son existence, l'art a eu une fonction religieuse et politique. Rappelons pour mémoire l'évidence des pyramides et des temples, mais aussi l'exemple de la tragédie grecque, du plafond de la chapelle Sixtine ou de la conception wagnérienne de l'opéra. L'art a perdu, peu à peu, sa fonction religieuse et politique au cours du XIXe siècle, avec la prédominance de la science et de la technique, l'importance des masses anonymes des grandes villes, le règne de la marchandise et du capitalisme et le développement de la démocratie, de la prose et du désenchantement du monde. L'invention et l'essor des moyens techniques de reproduction – la photographie et la grande presse – ont réduit ce qui restait de la peinture et de la littérature anciennes au pompiérisme et au feuilleton, dont le cinéma héritera. C'est contre ces nouvelles conditions que l'art et la littérature modernes se sont développés de manière autonome, sans visée religieuse ou politique, en s'interdisant même l'image et la fiction. Ainsi ont-ils perdu leur relation avec le public et n'ont-ils plus constitué d'événement collectif.

Mais ces faits mêmes qui ont contribué à la disparition de la fonction religieuse et politique de l'art sont devenus la condition de possibilité du cinéma et le fondement de sa puissance. En effet, le cinéma semble avoir recueilli ce que les autres arts avaient perdu à cause, entre autres, des moyens de reproduction technique. Et il a pu le faire grâce à ces mêmes moyens. Ainsi, ce qui avait été un symptôme du désenchantement du monde s'est trouvé métamorphosé par le cinéma en magie et merveilleux.

Rêve d'un monde sans rêves, le cinéma est devenu rapidement, pour les foules solitaires des grandes villes, une promesse de fête et de prodige, mais aussi une fonction politique et idéologique. Cette fonction s'affirme dès les débuts de l'art cinématographique, avec *Naissance d'une nation* (*The Birth of a Nation*, 1915) et *Intolérance* (1916) de l'Américain David Wark Griffith. Lorsque le Soviétique Eisenstein réalise, proclame et théorise cette fonction dans ses films et ses écrits, les Américains prennent clairement conscience de son importance, et, plus tard, les nazis font du cinéma un instrument de propagande. On peut dire, sans exagération aucune, que la puissance mondiale des États-Unis tient aussi bien à leur puissance économique, technique et militaire qu'à leur puissance cinématographique. Héritière de l'ancienne fonction politique et religieuse de l'art, la passion du cinéma n'est ni innocente ni inoffensive. Elle est inhérente à l'existence même du cinéma, à cette fascination qu'il a exercée dès ses origines.

Mais d'où vient la magie du cinéma ? Du culte des images, certainement. Puisque ce culte a été assez fort pour que plusieurs religions soient fondées sur son interdit. Mais celui-ci n'a jamais été lui-même que l'effet de l'impact des images dans la formation et l'existence de l'humanité. Il ne s'agit cependant pas, avec le cinéma, de n'importe quelle image, mais de reproduction technique. Le cinéma est l'« image de la réalité ».

Cette « définition » reste toutefois extrêmement problématique. L'image de reproduction est puissante parce qu'elle se rapproche du reflet, du double, de l'empreinte, parce qu'elle n'est pas séparée de son objet, sans lui être, pour autant, identique. Image, double de la réalité, cette « image de la réalité » est double en elle-même en tant qu'« image » et « réalité ».

Mais qui peut se permettre de désigner la « réalité » ou, plus encore, une image comme l'« image » de la réalité ? Comme si la réalité était déjà donnée, comme si l'image était la chose même, neutre et transparente, inexistante, en somme, en tant qu'image. Identité, unité, transparence, opacité, synthèse, contradiction, différence : ces relations entre les deux termes – « image » et « réalité », qui ne sont pas des entités fixes et définissables mais plutôt des inconnues – créent les possibilités infinies du cinéma.

Cependant, cette relation complexe entre l'« image » et la « réalité » n'est pas simplement la source des possibilités du cinéma – de l'« image » – et de l'interrogation fondamentale qui la concerne. Elle n'est pas seulement interne au cinéma, elle détermine aussi en profondeur la « réalité ». De sorte que, à propos de la reproduction, on ne sait pas vraiment où se trouve l'original et où est l'image. Car, loin d'avoir été simplement un miroir ou un moyen de révélation de la réalité, l'image du cinéma, parce qu'elle semble en être le double, a complètement marqué et transformé celle-ci. En définitive, au lieu d'être l'image du monde, le cinéma a façonné un monde à son image. Entre le début du siècle et la fin des années 40, le cinéma a créé l'Amérique moderne des grandes villes industrielles où arrivaient en masse des immigrants venus du monde entier, et, depuis la fin de la Seconde Guerre mondiale, le cinéma américain a transformé toute la terre à son image.

Par la réalité irréelle de la reproduction du mouvement sur l'écran, les gestes ordinaires, l'univers urbain, le paysage de la nature, toutes choses, prennent une présence nouvelle, magique et inconnue, tandis que le lointain semble venir dans la proximité. C'est l'« impression de réalité » et l'illusion de présence qu'elle engendre qui, avant tout, fondent la puissance du cinéma et font son attirance irrésistible. Grâce à elle, l'« image de la réalité » se métamorphose en la « réalité de l'image ». Et cette impression de réalité garantit l'authenticité d'un monde de trucage et de faux par excellence. Avec l'image de la réalité et sa confusion entre réalité et imaginaire, le cinéma crée un univers d'illusion, de magie, de prestidigitation de grande envergure et de mensonge annoncé. Si l'on définit l'imaginaire comme « fiction de réalité », on s'approche alors de la vraie nature du cinéma. C'est cela qui constitue l'origine mystérieuse de l'amour et de l'atmosphère de transe qu'il suscite. Ce pourquoi on quitte le monde clair pour les salles obscures, où l'on est assis avec d'autres tout en étant radicalement seul, les yeux fixés sur l'écran blanc, sachant que ce que l'on voit n'est pas réel et croyant en même temps à la réalité de cette illusion.

Les images ont toujours existé à l'intérieur de rites et de cérémonies. Elles ont été très souvent intégrées à des récits et des fictions mythologiques ou historiques qui venaient ainsi s'incarner dans les images, y prendre appui, pour se rendre visibles et concrets. Le cinéma réunit ces deux tendances anthropologiques et archaïques, qui font vivre l'humanité tout autant que le pain : le culte des images et le désir du sens, en l'espèce du mythe, de l'histoire, de la fiction. Il le fait avec l'image même de la réalité, « comme si » tout cela était réel. De là son immense charge affective.

Toute fiction tend à créer un univers affectif, imaginaire, régi par le principe de plaisir, éloigné de la pratique et du principe de réalité. Toute fiction exige que l'auditeur, ou le lecteur, s'absente de lui-même, pour être quasi présent ailleurs, afin qu'une irréalité absente devienne présente pour lui. Cet effet n'est nulle part aussi puissant et irrésistible qu'au cinéma. Là, dans l'« image de la réalité », irradiant sur l'écran de la salle obscure, l'irréalité absente vient à la présence, avec une ressemblance et une proximité hallucinantes telles qu'elle ravit le spectateur et le plonge quasiment dans un état de rêve éveillé. Elle est la source, pour le spectateur, de la participation affective.

Sur le miroir de l'écran, le spectateur voit son « image idéale » et, s'identifiant à elle, vit imaginairement les aventures et les passions de cet être irréel, héroïque et divin. Au cinéma qui, par beaucoup d'aspects, a hérité de l'opéra et l'a remplacé, l'affect est le principal contenu des images. La participation affective y prend souvent la figure de la « romance », l'un des principaux ressorts de la passion cinématographique. Mais la romance entre les acteurs n'est que la projection sur l'écran, et dans une histoire, d'une passion plus fondamentale et érotique qui lie le spectateur à l'écran miroir et aux images qui y apparaissent : Greta Garbo, Marlene Dietrich, Ava Gardner, Marilyn Monroe, ou Rudolph Valentino, Gary Cooper, Clark Gable, Marlon Brando, James Dean, pour ne citer que quelques-unes des grandes « divinités » de l'empyrée cinématographique (les Darrieux, Morgan, Gabin, Silvana Mangano, Mastroianni, etc., pour ne mentionner que des Européens, n'ont pu être, par la force des choses, que des « divinités locales »). Par cet étrange jeu de miroirs que le cinéma instaure entre l'image et la réalité, ce n'est pas seulement l'écran qui devient le lieu de projection de l'imaginaire, mais la réalité elle-même qui reflète l'écran, en mimant les modes, les coiffures, les visages, les gestes et les actions des « stars ».

Au-delà des « étoiles » et de la satisfaction que procure leur image, ce sont toutes les ressources émotionnelles du spectateur et leur dynamique qui sont fortement mises en jeu par le spectacle cinématographique, et c'est pour les éprouver de nouveau, dans la peur et le plaisir, que le public retourne au cinéma. Bien qu'assis passivement dans le noir, le spectateur n'est pas dans une position contemplative. Au contraire, par cette pseudo-relation de miroir, il est projeté, sans y être, au cœur de la fiction, de l'action et des événements. Il veut voir, savoir, participer intensément aux actions, en ressentir les affects, sans en supporter les risques et les dommages.

Image, action (fiction), émotion : voilà la trinité cinématographique. Il y a certes aussi un quatrième terme, la pensée. Elle devrait en principe être au service des trois autres et de leur élaboration, car autrement elle deviendrait un néant perturbateur, avec un effet dévastateur sur l'émotion, l'action-fiction et l'image dans leur présence et leur immédiateté cinématographiques. C'est ce qui s'est produit avec le cinéma moderne (de Welles au dernier Godard), qui a ainsi rejoint l'art et la littérature modernes, au risque de perdre, lui aussi, toute fonction collective. Mais sans la pensée du contenu, du matériau et des formes, l'image, la fiction et l'émotion ne sont pas sublimées. Elles n'accèdent pas à la dimension cathartique créatrice de l'œuvre d'art. Elles activent seulement l'imaginaire, source de rêve et de prodige, avec ses affects, de peur, de souffrance et de plaisir, qui font la toute-puissance du cinéma.

Événement de grande prégnance collective, le cinéma dépend d'émotions fortes, de rites et de mythes. Sa compréhension n'exige que des habitudes et peu de formation préalable au contraire de la peinture, de la littérature ou de la musique. Nourri de culture populaire, il est resté l'une de ses formes les plus puissantes et les plus vastes. De même que les masses des grandes villes, le cinéma est aussi un produit de l'industrie et soumis, comme les spectateurs, à ses impératifs.

Parce que la production d'un film coûte très cher, le cinéma a un besoin immédiat du public. Un réalisateur de films subit la double pression de ses bailleurs de fonds et du marché. Presque tout son génie sert donc à réunir les conditions nécessaires à la réalisation de son film, et il peut difficilement se permettre d'ignorer l'attente du public. Si une toile blanche coûtait des millions de dollars, les pinceaux et les couleurs autant, a dit en substance Alfred Hitchcock, on verrait alors ce qu'il en serait de la liberté artistique.

Le cinéma est, avant tout, une industrie culturelle. Par ailleurs, et parfois, il est aussi un art. En tant qu'industrie culturelle – *entertainment* (divertissement), disent honnêtement les Américains –, il exige de grands talents, crée des produits de haute qualité et même toute une « culture ». En tant qu'art, son existence dépend de cette industrie et de son public, contrôlés avec plus ou moins d'efficacité par la puissance de l'argent ou, dans certains pays, par la toute-puissance étatique. Existant au sein de, et grâce à, cette industrie, l'art cinématographique est dans sa dépendance. Mais parce qu'elle doit se renouveler constamment pour exister, l'industrie elle-même a besoin de la création cinématographique. Ainsi, la relation entre l'art du cinéma et l'industrie culturelle n'est pas d'emblée et pour toujours antinomique. Elle est loin cependant, et dans son principe, d'être fondée sur une harmonie préétablie.

De plus, ce rapport entre l'art et l'industrie cinématographique n'est pas fixe. Pendant les années où il s'agissait de créer les moyens de l'expression cinématographique, il n'existait pas de différence entre l'art et l'industrie, c'était le temps où l'on rêvait du cinéma, « cathédrale de l'avenir ». Mais en se constituant et, pour ce faire, en contrôlant de plus en plus les goûts du public, l'industrie a figé peu à peu les normes de l'expression admise, tandis qu'elle-même changeait en fonction des nécessités économiques : ainsi la cathédrale est devenue supermarché. En effet, l'industrie de production de masse, qu'il s'agisse ou non du bien « culturel », a évolué au cours du siècle : du « prêt-àporter » au « prêt-à-jeter », de la production du produit à la production de l'image-information-marchandise dont les moyens sont la publicité et la télévision.

Cela a eu un effet destructeur évident sur le cinéma, non seulement extérieurement, parce que la télévision a pris au cinéma son public, mais aussi de l'intérieur, par le désenchantement de l'image et la transformation de l'effet du réel et de l'illusion cinématographique en simulacre et hyperréalité. Transformation que viennent renforcer les nouvelles inventions technologiques d'image de « reproduction sans original » : l'image de synthèse ou de réalité virtuelle.

Dans la trinité cinématographique d'image, d'action et d'émotion, le choc a remplacé l'action et, par conséquent, la fiction. Et le choc, en tant que violence et pornographie, tend à régner en maître sur des images et des affects déconnectés et désarticulés. Ainsi est-on passé du modèle de l'opéra, qui pendant longtemps avait déterminé la forme du « grand cinéma », à ceux du dessin animé, de la bande dessinée et du vidéo-clip, cependant que certains films continuent toujours et malgré tout à inventer le cinéma en tant qu'image-pensée. En s'interrogeant sur l'image et sa toute-puissance, ces films, et les réflexions qui leur correspondent, semblent être iconoclastes et destructeurs du cinéma. Ils sont pourtant les seuls à croire encore à la vérité du cinéma, et à celle de l'image, à sa vocation de rédimer la réalité que les simulacres audiovisuels et la prolifération des images tendent, de plus en plus, à faire disparaître.

Dans sa généralité, l'existence du cinéma pose un certain nombre de questions théoriques qui feront l'objet d'une réflexion dans la seconde partie du livre. Mais le cinéma est aussi, essentiellement, un ensemble ouvert de possibilités, créées et réalisées par les œuvres d'art cinématographiques qui exigent, auparavant, d'être envisagées, ne serait-ce que de manière très schématique, dans leur diversité historique.

Marlene Dietrich et Clive Brook dans *Shanghai Express* de Josef von Sternberg, 1931.

La beauté promet le bonheur, le cinéma le réalise, par la magie extrême de ses images et leur apparence de réalité.
Ph. © coll. Cahiers du cinéma.

Diversité historique des films

Naissance du cinéma

Le cinéma, une invention technique

Bien que le fait cinématographique soit utilisé mondialement et de manière très différente, et quels que soient aussi les désirs qui ont pu précéder son existence ou les fantasmes et les pensées qu'il a pu susciter depuis son invention, son apparition est le résultat de conditions historiques précises.

Le cinéma est né dans un monde déterminé par la science et la technique. Il a évolué grâce à elles et sera encore transformé par elles au risque de disparaître. Il fallait que le monde fût défini comme réalité objective, ensemble de faits observables, enregistrables et reproductibles. Cela est le présupposé absolu, la condition *sine qua non* de l'invention du cinéma, moyen de reproduction technique des images en mouvement de la réalité. Plus tard, d'autres inventions, promues ou retardées pour des motifs économiques, ont contribué au développement du cinéma.

La science et la technique ont été les conditions de possibilité de l'invention du cinéma et sa première finalité. L'usage purement scientifique du cinéma ne fait pas partie de notre propos, mais cette fonction scientifique et cette conception « objectiviste » ont été et continuent d'être déterminantes pour la théorie et la pratique du cinéma. Toutefois, la perception des films par les spectateurs ordinaires n'a jamais correspondu à cette attitude « scientifique ». L'objectivité n'a fait que garantir la véracité de la reproduction d'un monde que l'on continuait de percevoir, comme le monde ordinaire, dans un mélange de certitudes sensibles et de fantasmagories. C'est de ce mélange que provient la toute-puissance affective du cinéma : cette dualité inhérente à l'image de la réalité, qui est apparue presque en même temps que le cinéma.

Les « Vues » Lumière

Le 28 décembre 1895, au Grand Café à Paris, un public d'invités assiste à une démonstration du Cinématographe Lumière : la projection sur grand écran des « Vues », images de reproduction animées. *La Sortie des usines Lumière* a été la première d'entre elles, conçues au départ comme une expérience scientifique. Elle a été suivie d'autres « Vues », réalisées dans la même intention d'enregistrement et de reproduction du mouvement, qu'il s'agisse de *L'Arrivée d'un train en gare de La Ciotat* ou du *Déjeuner de Bébé*. La durée des « Vues » Lumière, imposée par les chargeurs de pellicule, était d'environ une minute, et le point de vue était fixe. Elles n'avaient d'autre but que de reproduire des fragments d'espace-temps et du mouvement du monde. C'est pourquoi d'ailleurs, avec le succès de leur invention, les usines Lumière – spécialisées déjà dans la fabrication du matériel photographique – envoyèrent des opérateurs dans le monde entier pour enregistrer et projeter des « Vues ». Comme le public, une fois la surprise passée, commençait à se lasser, et pour ne pas être dépassés par les concurrents qui avaient acheté leur appareil, les frères Lumière cherchèrent aussi à mettre en scène des incidents comiques (ils avaient déjà tourné *L'Arroseur arrosé*) et même une *Passion* en plusieurs tableaux. Cependant, pour Louis Lumière, le Cinématographe restait essentiellement un appareil scientifique, « une invention sans avenir ».

La « magie » de Méliès

L'avenir du cinéma, c'est Georges Méliès qui l'inventa. Figurant parmi les invités du Grand Café, il comprit immédiatement la fonction spectaculaire du cinéma. Il dirigeait alors un théâtre qui portait le nom de Robert Houdin, le créateur de la « magie » moderne, et était lui-même « illusionniste ». Si les « Vues » Lumière avaient été précédées des « panoramas » et des toiles peintes que l'on déroulait dans les foires pour représenter les voyages, Méliès hérite du spectacle de la lanterne magique, de celui des ombres chinoises et du théâtre des fantasmagories. Là où Lumière offre des vues de la réalité, avec Méliès c'est l'« image » en tant qu'imaginaire qui apparaît dans l'image de la réalité. Ainsi le cinéma, image de la réalité, découvre son autre face, la réalité de l'image.

Dans cette métamorphose, le hasard tient son rôle : pendant le tournage d'une scène documentaire place de l'Opéra, la manivelle de la caméra se bloque un moment. A la projection, Méliès voit, dans le même cadre, des véhicules et des gens se substituer brusquement à d'autres. Il avait jusque-là utilisé la caméra pour filmer des spectacles scéniques de prestidigitation. A partir de ce moment, il va se servir des moyens purement cinématographiques : substitution, simultanéité des scènes filmées avec des caches, surimpression, fondu, rapprochement, grossissement, ralenti, accélération, déroulement à l'envers, etc. Grâce à ses talents de décorateur et au trucage qu'il invente, Méliès crée des spectacles de féerie cinématographique dont le plus célèbre est *Le Voyage dans la lune*, 1902. Il met aussi en scène, dans son studio, des « actualités » que le public désire voir, anticipant ainsi ce que l'« actualité » deviendra dans la « société du spectacle » : du préfilmé, une mise en scène d'événements en vue de son enregistrement et sa reproduction.

Développement d'une expression cinématographique

Exploité dans les baraques foraines, les cafés-concerts, les music-halls, les films des pionniers du cinéma reproduisaient les formes du divertissement populaire, qui ont continué de dominer jusqu'à aujourd'hui l'existence même du cinéma : reconstructions historiques comme au musée Grévin ou dans la peinture de style pompier, histoires de crime et de violence plus ou moins teintées d'érotisme, petites histoires sentimentales et édifiantes et, surtout, farces. On reproduisait aussi, à l'intention du public « distingué », des scènes de théâtre jouées par des acteurs célèbres formant ce que l'on appelait le Film d'art. C'est parce qu'il a repris, peu à peu, les motifs mais aussi les modèles narratifs et dramatiques, « réalistes » ou non selon les traditions des pays, du feuilleton et du théâtre du XIXe siècle que le cinéma a quitté les baraques foraines pour devenir un spectacle aussi puissant.

Les premières « Vues » Lumière étaient indépendantes les unes des autres et sans souci de cadrage expressif. Lorsqu'on a commencé à raconter des histoires, on s'est alors préoccupé de cadrer et on a collé, les uns derrière les autres, plusieurs de ces tableaux, dont chacun était une entité autonome. Les Vues avaient été frontales et à distance d'une bonne visibilité théâtrale. Elles étaient en principe fixes, dépourvues de composition et de centre. Les personnages s'approchaient ou s'éloignaient de la caméra, entraient et sortaient du cadre à volonté. La caméra ne pouvait pas pivoter sur son axe et effectuer un panoramique*. Mais, si on l'installait sur un véhicule en mouvement, les « Vues » se déplaçaient en travelling*.

Cependant, le cinéma ne s'est pas seulement contenté d'enregistrer des vues, des tableaux et de reproduire le mouvement. Il est devenu le cinéma en produisant le mouvement par ses propres moyens, non seulement avec les mouvements d'appareil, le panoramique et le travelling, mais avec le montage qui dynamise l'espace et spatialise le temps, par les changements de point de vue et les changements de distance entre l'objet et la caméra. Ainsi, la « Vue » est devenue le « plan* » qui, dans ses usages ordinaires, et de manière minimale, peut être désigné comme l'unité d'une prise de vues marquée par une continuité spatiale et temporelle.

La distance entre la caméra et l'objet détermine la grosseur des plans. Évidemment, pour être sensibles et dynamiques, les changements de plan ne se produisent pas seulement dans l'axe et de manière frontale, mais avec des changements d'angle de prise de vues – entre 30 et 180 degrés, dans le cinéma ordinaire, pour que le changement soit sensible, mais sans rupture ni saut dans la continuité de la direction des regards. Il va de soi aussi que les grosseurs des plans n'ont pas seulement une valeur de description, mais également d'expression, d'intensité et de durée. Un plan général et un gros plan ne sont pas de même nature et de même intensité, et dix secondes de très gros plan d'un visage durent infiniment plus que dix secondes d'un plan général de paysage. De sorte que l'on a identifié l'essence même du cinéma avec l'invention du gros plan : la « révélation du visage » et l'« âme visible des choses ». (Le premier gros plan véritable du cinéma, avec une intention expressive, se trouverait dans *After Many Years*, de Griffith, 1908.)

Pendant les vingt premières années du cinéma, tout cela s'invente, en même temps que des techniques de construction de décor et de trucage, ainsi qu'un jeu spécifique, pour raconter ou montrer cinématographiquement des histoires.

***Naissance d'une nation* de David Wark Griffith, 1915.**
Ce film termine la période « archaïque » du cinéma, les vingt années d'invention de formes d'expression cinématographique. Avec son ampleur et son souffle épique, il marque la naissance de l'art cinématographique.
Ph. © Cinestar.

Le cinématographique est avant tout l'image du mouvement. C'est donc le mouvement qui sera la source de ses possibilités propres. Le mouvement des hommes et leurs relations aux objets, lorsqu'ils sont purement mécaniques, provoquent le rire. Ce sera le point de départ de l'art du burlesque cinématographique : l'enfance du cinéma. Cependant, ce mouvement mécanique, qui au début du burlesque pouvait se produire dans un tableau fixe, venait encore du music-hall et du cirque, avant de se développer en un extraordinaire et réjouissant mouvement de cinéma.

En revanche, le mouvement purement cinématographique s'est rendu visible lorsqu'il est devenu tension et forme en lui-même, dans la poursuite, avec la succession des plans qui crée un mouvement et une tension en alternant deux motifs, en transformant une logique d'événement en une articulation de l'espace et du temps, base de l'expression cinématographique. On passe ainsi du simple collage au « montage* » des plans, le troisième terme déterminant du cinéma avec la dualité inhérente au plan comme « image de la réalité ».

On attribue le premier montage du cinéma, par alternance rythmique des motifs, à l'Américain Edwin S. Porter, avec *La Vie d'un pompier américain* (*The Life of an American Fireman*), 1903, et surtout, dès 1904, avec *The Great Train Robbery* qui utilise plusieurs plans de tailles, d'angles et de durées différents pour raconter une histoire avec les moyens cinématographiques.

Il s'est ensuite agi de savoir quelles histoires on voulait raconter ou présenter et à quelles fins. Cela va orienter les articulations que l'on va donner à ces moyens cinématographiques. La forme qui se dégage, se constitue, s'affirme et domine peu à peu est celle qui maintient l'effet de réalité cinématographique d'un récit linéaire, attirant et immédiatement compréhensible. Au départ, l'univers filmique reste ouvert, rempli de trous, de discontinuités, de saccades, comme une narration exposée devant le regard. Pour que le film soit clos sur lui-même, il va falloir rompre avec cette disposition frontale du récit par une double articulation. L'une intègre émotionnellement, mentalement et visuellement le spectateur dans le fonctionnement du film (entre autres au moyen d'un plan qui répond au point de vue d'un autre, c'est-à-dire par le champ* et son contrechamp au sens très large du terme), ce qui permet l'identification du spectateur à divers personnages ou à la charge émotionnelle des situations narratives. L'autre, qui soutient et renforce cette intégration du spectateur, marque intérieurement le cadrage de chaque plan par sa relation aux autres, avec les règles de continuité d'espace-temps, de changement des angles et de l'échelle des plans, ainsi que les raccords d'entrée et de sortie des personnages dans le cadre et les raccords de directions de leurs regards. Un film étant fait d'un grand nombre de plans, donc de discontinuité, il s'agira, de plus en plus, dira-t-on plus tard, pour en sauvegarder l'effet de réalité, d'en « suturer » les béances pour qu'il présente l'apparence d'un corps organique.

Cependant, de telles normes n'ont triomphé complètement qu'avec le parlant et le « réalisme » des années 30 : un cinéma « classique » qui imposera son modèle au cinéma mondial. Pendant la période du muet, l'absence de la parole restait une béance que rien ne pouvait occulter, et ce manque a fait l'extraordinaire richesse de ce cinéma.

Les grandes tendances du cinéma muet

Identité dynamique de l'image et de la réalité : la narration américaine

A la différence des pays européens, avec leurs histoires et leurs traditions culturelles, l'Amérique est sans histoire et sans mémoire, neuve et ouverte à la nouveauté (*cf.* p. 52). Les choses y sont ce qu'elles paraissent être, sans antécédent ni au-delà, sans rien qui pèse sur l'immédiateté et l'autosuffisance des apparences si nécessaires et spécifiques à l'impression de réalité cinématographique. Le cinéma américain a donc toujours cherché à raconter des histoires qui portent leur sens en elles-mêmes, et dont la compréhension n'exige ni connaissances ni références préalables. Il l'a fait de manière directe et immédiatement transparente, à travers la parfaite unité de l'intrigue et de l'apparence visuelle.

Pour ce cinéma, l'image de la réalité et la réalité de l'image ne sont pas distinctes : il tient sa force de cette identité qui est dynamique et affective. Il a pour but l'économie de l'action, l'efficacité de la narration visuelle, l'effet de réalité et l'impact émotionnel. Ces termes ont leur unité et leur figure cinématographique de base dans le montage de poursuite qui est analyse et synthèse du mouvement. La poursuite n'est pas seulement la reproduction mécanique du mouvement grâce à l'appareil cinématographique, mais la réalisation, la manifestation et le développement d'une action. Le montage de poursuite a été la matrice du cinéma américain, depuis les films de Porter jusqu'aux moments palpitants des grands films de Griffith.

Sans doute Griffith doit-il beaucoup à Dickens, au mélodrame ainsi qu'à la mauvaise peinture du XIXe siècle. Il a eu des projets grandioses et épiques, avec *Naissance d'une nation*, une version « sudiste » de la guerre de Sécession américaine, et *Intolérance*, qui, mêlant plusieurs époques à travers les âges, se veut être une histoire de l'intolérance dans le monde. Mais dans ses réalisations, Griffith fait la démonstration des possibilités de ce nouveau dynamisme d'une narration visuelle qui sera pour les Européens un point de départ. C'est surtout dans le mélodrame (*Forfaiture*, *The Cheat*, 1915, de Cecil B. DeMille et *Le Lys brisé*, *Broken Blossoms*, 1919, de Griffith), avec moins d'ampleur et d'emphase, mais plus d'intensité affective, que se crée le modèle d'une intégration émotionnelle et visuelle de l'intrigue et du spectateur grâce à l'apparence d'un tout organique, établissant les normes de la narration. Dans sa grandeur, le cinéma américain a eu pour tâche de montrer que, si le désordre perturbe la cohérence du monde, on peut en triompher par une narration cohérente et maîtrisée associée à l'action, la bonne volonté et aux bons sentiments. Il suffira de dire le contraire comme Stroheim (*Les Rapaces*, *Greed*, 1924), avec ses longueurs, son naturalisme descriptif et symbolique, cruel, érotique, laid et pessimiste, pour être rejeté.

La caméra est allée d'Europe en Amérique, mais l'art du cinéma est venu d'Amérique en Europe. La découverte, pour ainsi dire, sur l'écran de l'« essence du cinéma » – un monde de mouvement physique, dans sa réalité immédiate, et son indépendance à l'égard de toute tradition ou signification préalables – fascine les Européens. Le cinéma élimine les traditions culturelles, et seule l'Amérique, fondée sur un projet d'action, à l'écart et contre les traditions anciennes, semble être en harmonie préétablie avec l'essence du cinéma, tandis que les Européens – à l'exception des Suédois et de leur extraordinaire lyrisme de la nature – doivent affronter un dilemme difficile à résoudre entre leur amour du cinéma et du mouvement et leur existence déterminée par l'histoire et le passé.

En Amérique même, ce monde de mouvement et d'action trouve sa première forme dans le burlesque qui procède à la destruction systématique de tout ce qui prétend à une valeur, une ancienneté et une respectabilité. Univers d'enfants mal élevés, par rapport aux « grandes personnes », de « peuple » opposé à la bourgeoisie victorienne, le burlesque, dont le plaisir consiste à narguer les conservateurs et les puissants, reste le dernier héritage de l'époque foraine du cinéma, lorsqu'il était essentiellement un divertissement populaire. Il est devenu un grand art avec Mack

Sennett, qui a découvert la plupart des « acteurs » importants, car la force du burlesque dépend tout autant du cinéma que des particularités de chacun de ses « acteurs ».

Les plus grands génies parmi ces « héros » du burlesque sont Charlie Chaplin et Buster Keaton. Charlot, la figure la plus célèbre et emblématique du cinéma, a aussi une âme, des sentiments et des ambitions humanistes : il réagit aux gags et, entre le burlesque et le comique, il fait rire avec lui. Keaton, en revanche, sans états d'âme et sans sourire, mais avec finesse et légèreté, crée la beauté de rêve d'un pur mouvement physique. Charlot est l'immigrant éternel, qui sait échouer avec le sourire ; Buster, l'Américain qui agit, lutte contre les objets, vainc les obstacles et épouse sa fiancée. Le burlesque, art du pur mouvement physique, disparaît avec le parlant, n'y trouvant une dernière expression que grâce aux Marx Brothers, qui retournent son pouvoir destructeur contre la parole elle-même.

Cependant, si le burlesque a existé aussi en France, inauguré par Max Linder, avant même de se développer en Amérique, c'est à Hollywood dès 1904, avec *The Great Train Robbery*, de Porter, que le monde de mouvement et d'action a trouvé sa forme par excellence, le western. Cette épopée de l'Ouest, de l'immensité de l'espace, de l'homme blanc, de l'Indien, du cheval et du fusil – qui s'impose bientôt au monde entier – est, pour l'Amérique, le lieu imaginaire d'une fondation, et sa mythologie se métamorphose avec les changements historiques. Ces transformations historiques exigent d'autres formes d'action et d'espaces mythologiques. Dans les années 30, avec la crise économique de la libre entreprise, la figure perverse du « gangster » vient doubler, dans les rues des villes, celle, héroïque et fondatrice, du « westerner », de l'individu dans la nature, et là, le mouvement et l'action physique ont pour auxiliaires l'automobile et la mitraillette. Au cours des années 40, et avec la perte de l'innocence, apparaît dans le « film noir » la marche nocturne de l'homme solitaire et angoissé, dans le labyrinthe obscur des grandes villes aux éclairages électriques. Tous ces genres, de même que la « comédie musicale » qui ne naît, cela va de soi, qu'avec le parlant, sont des formes de purs mouvements et d'action. Parmi eux, c'est le western, le plus fondateur, le plus épique, le plus simple – destiné à durer des décennies et à se métamorphoser – qui existe déjà à l'époque du muet et atteint sa perfection.

Rythmes visuels : l'avant-garde française

De traditions diverses et auteurs de projets différents, les grands cinéastes européens ont quelque chose en commun qui les oppose à leurs confrères américains. Ceux-ci veulent raconter visuellement des histoires qui, certes, exigent beaucoup de savoir-faire et deviennent parfois du grand art. Ceux-là veulent d'emblée, sans y parvenir toujours, créer des œuvres d'art. C'est dans ces termes, d'ailleurs, que les Américains eux-mêmes ont compris leur différence par rapport au cinéma européen. En Amérique, on apprend surtout l'écriture du scénario ; en Europe, on spécule sur ce qui fait du cinéma un art, sur l'esthétique de l'image et du montage. Comme dans l'art et la littérature modernes, aux grands cinéastes européens, l'histoire importe moins que le sens et la portée émotionnelle des moyens cinématographiques mis en œuvre pour la raconter. Ils ne cherchent pas d'abord l'illusion d'un tout organique ni la vraisemblance d'un effet de réalité. Chez eux, la réalité de l'image se différencie de sa source et crée, de manière très diverse, ses propres possibilités.

Il y a certes eu en France, et il y aura toujours avec plus ou moins de bonheur, un cinéma « populaire », comme celui, encore fascinant par le charme de son imagerie, d'un Louis Feuillade avec *Les Vampires*, 1915 (et, plus tard, *Les Enfants du paradis*, Marcel Carné, 1943-1944). Il y a eu aussi rapidement une situation particulière à la France, l'existence d'un cinéma moins « populaire » et d'avant-garde, porté et soutenu par une ferveur « cinéphilique » et par une pensée critique et théorique qui a toujours eu une influence directe sur la réalisation des films.

L'invention du terme de « septième art » (1911), la formation de la théorie et de la critique du cinéma, la création du premier ciné-club et la reconnaissance du réalisateur comme véritable auteur du film doivent beaucoup à Riccioto Canudo. Dès le début des années 20, c'est surtout une conception lyrico-mystique qui se développe : le cinéma est la religion de l'avenir, la nouvelle cathédrale de l'humanité sortie de l'individualisme (Élie Faure), la synthèse des arts qui

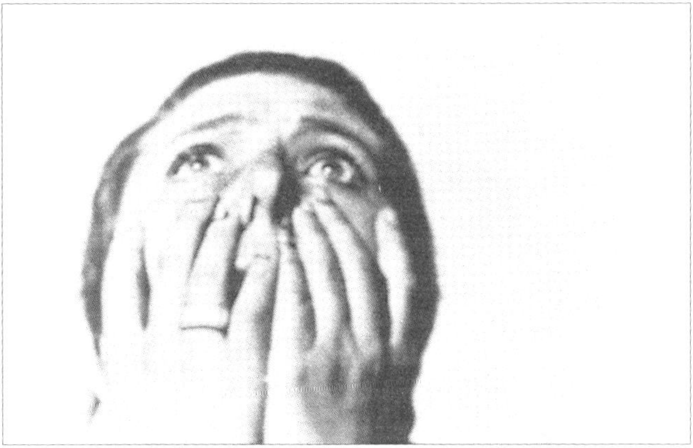

Renée Falconetti dans *La Passion de Jeanne d'Arc* de Carl Th. Dreyer, 1928.
Avec le flou artistique, le maquillage, le téléobjectif, les filtres et les voiles, le gros plan servait à métamorphoser les stars en idoles immortelles. Sans rien de tout cela, sans artifice de lumière ni de décor, le visage de Falconetti livre toute sa nudité d'être mortel et spirituel à la fois.
Ph. © Cinestar.

les dépasse tous. Il peut agir directement sur la matière du cerveau (Antonin Artaud). Il est la quatrième dimension et peut changer les rapports avec l'espace et le temps, transformer la relation entre subjectivité et objectivité, réaliser enfin l'alliance de la science moderne et de la kabbale (Jean Epstein).

C'est surtout une conception du cinéma comme rythme qui prédomine, comme « cadence » et orchestration puissante des plans et de leur succession (Louis Delluc), comme drame abstrait visuel (Marcel L'Herbier), afin de créer la « cinégraphie intégrale, la symphonie visuelle d'images rythmées » (Germaine Dulac). De ces spéculations restent quelques films : de L'Herbier, *El Dorado*, 1921, *L'Inhumaine*, 1924, d'Epstein (l'un des plus grands théoriciens du cinéma), *Cœur fidèle*, 1923, *La Chute de la maison Usher*, 1928, et d'Abel Gance, surtout, une grandiose fresque épico-lyrique qui utilise parfois trois écrans, *Napoléon*, 1927.

A côté de ces recherches rythmiques et visuelles, deux œuvres réalisées dans ce contexte touchent aux fondements du cinéma. *La Passion de Jeanne d'Arc*, 1928, du Danois Carl Th. Dreyer, tourné essentiellement en plans rapprochés et en gros plans, reste la réalisation extrême d'une des possibilités du cinéma « image de la réalité » : la révélation du visage. Non la séduction du maquillage, de l'éclairage, du téléobjectif et du flou artistique qui transformaient, en gros plan, les stars en « divinités immortelles », mais des visages « nus » d'êtres humains : finis, mortels et, à la fois et surtout, spirituels. Le court métrage *Un chien andalou*, 1928, de l'Espagnol Luis Buñuel, réalise la conception surréaliste de l'« image poétique » comme montage et constitue la plus grande densité poétique du cinéma dans le plus petit espace de temps. Chaque film, pour fonctionner, instaure un « piège au regard », à l'aide de son « effet de réalité ». En coupant, au rasoir, un œil au commencement de son film, Buñuel détruit ce piège, et l'effet purement « rétinien » de réalité qui nie la « coupure » – le montage – sur lequel est fondée l'existence des films. Ainsi sans intervenir, ou presque, dans le « réalisme photographique » de chaque plan, le montage devient une « psychanalyse » du regard et de la réalité, la « vision » de la réalité comme « surréalité » et « réalité de l'image ».

L'inquiétante étrangeté de l'image : l'expressionnisme allemand

Mais la « réalité de l'image » au cinéma, pour être effective, exige l'« image de la réalité ». Si l'on considère le monde déformé des toiles peintes du *Cabinet du docteur Caligari* (*Das Kabinett des Dr. Caligari*), Robert Wiene, 1919, comme le modèle du cinéma expressionniste, alors en dehors de cet unique film il n'y a jamais eu d'expressionnisme au cinéma. Certes, quelque chose de son univers psychique et de son artifice subsiste dans le ghetto gothique du *Golem*, Paul Wegener, 1920, ou dans la petite ville moyenâgeuse de *Faust*, Friedrich Wilhelm Murnau, 1926, comme dans le monde de la machinerie intégrale de *Metropolis*, Fritz Lang, 1926, ou encore dans l'architecture du destin ou dans le déferlement du limon des deux parties des *Nibelungen*, Lang, 1923-1924. Dans ces films cependant, l'artifice est créé à partir du concret : le véritable expressionnisme métamorphose la « réalité » en « image ».

S'il y a un film exemplaire de l'expressionnisme, ce serait plutôt *Nosferatu*, Murnau, 1924, où l'inquiétante étrangeté est celle de l'image même du cinéma, de ces morts-vivants, de ces ombres et de ces spectres en reproduction qui se meuvent sur l'écran. Si l'expressionnisme n'est donc pas seulement une question de décor et d'architecture, il ne se définit pas non plus par la légende, le conte, le rêve ou le fantastique, bien qu'une grande partie des films expressionnistes ait hérité de ces modèles du romantisme allemand. Dans le cinéma expressionniste se rencontre également ce qui vient de la peinture expressionniste : l'espérance d'un monde utopique pulvérisé par la Première Guerre mondiale, mais aussi la peur et l'angoisse qui hantèrent la littérature et la poésie expressionnistes surtout après cette guerre.

Alors que, dans d'autres cinémas, la psychologie et la description occultent les situations archétypiques simples qui font leur force, contes et légendes sont dépourvus de psychologie et de description. Celles-ci sont donc absentes du cinéma expressionniste, même lorsqu'il s'agit de la vie ordinaire, comme dans *Le Dernier des hommes* (*Der letzte Mann*), Murnau, 1924, ou bien dans *L'Aurore* (*Sunrise*), 1927, que le même Murnau réalise à Hollywood. C'est l'absence de description et de psychologie qui permet la métamorphose de la réalité en « image ». Qu'il s'agisse directement de l'image d'un objet quelconque du monde ou de quelque chose de construit pour le film, ce sont les pouvoirs picturaux, plastiques et ceux de la composition qui donnent à l'image sa prégnance et la transforment en « image » ou « idée ».

C'est pourquoi l'intensité imaginaire ou idéelle de chaque plan compte plus que sa relation à d'autres par le montage ou que l'action et le mouvement. Ainsi se produit une retenue du mouvement et de l'action, donc du temps qui est réinscrit dans l'image, réinvesti dans son espace et devient son obscurité et son scintillement lumineux. En allemand, le cinéma se disait, à l'époque, *Lichtspiel*, « jeu de lumière ». Dans cette magie lumineuse des ténèbres et des clartés, d'éclairages adoucis et de heurts violents, qui unit l'âme et les choses et fait accéder celles-ci à un au-delà de leur matérialité, il y a l'inquiétante étrangeté d'une possibilité double et incertaine : de mort aussi bien que de rédemption.

A côté de ce monde d'image, existait aussi, en Allemagne, la « matérialité des choses », que l'on a appelée la Nouvelle Objectivité : le monde de la faim et de la sexualité, sans autres lumières ici que l'équivoque des yeux de velours de Greta Garbo dans *La Rue sans joie* (*Die freudlose Gasse*) et de la sensualité de Louise Brooks dans *Loulou* (*Die Büchse der Pandora*), Pabst, 1925 et 1928.

Réalité et pensée : le montage soviétique

Le montage au cinéma est aussi une nécessité économique et technique, parce que l'ordre du tournage correspond très rarement à l'ordre des scènes et des plans d'un film. A l'extrême, pour des raisons diverses, et au grand dam des puristes, deux plans qui se suivent peuvent être tournés à des mois et des kilomètres de distance. Ainsi est née l'idée qu'il serait possible de constituer un film en rapprochant des fragments dépourvus de tout lien.

On attribue à Lev Koulechov d'avoir collé le même gros plan d'un visage en alternance avec quatre plans aux contenus différents afin de montrer la puissance du montage : le sens d'un plan dépend de ses relations avec les autres plans. Et de montrer aussi que le sens de cette relation entre les plans dépend des désirs et des affects que le spectateur y projette. Cette expérience, qui n'a peut-être jamais existé, est l'un des mythes fondateurs du cinéma, même pour un Hitchcock. Elle serait à l'origine de l'importance que les cinéastes-théoriciens soviétiques ont donnée au montage. Pour eux, il représente l'« essence » du cinéma, et, comme il se doit, elle est, pour chacun, d'ordre différent.

Dziga Vertov, le cinéaste le plus radical de l'histoire du cinéma, venait des actualités. Il proclama la nouveauté absolue de la caméra et du montage, « moyen de reproduction technique ». En opposition avec toute histoire et toute signification, il voulait la destruction de la tradition et de son « aura » pour la remplacer par une « fabrique des faits ». Pour Vertov, l'homme à la caméra est l'homme conscient qui vit sans « scénario » et voit, grâce à la caméra, ce que les hommes n'ont jamais vu : « ciné-œil » et « ciné-vérité ». Ce qui lui valut quelques ennuis avec les staliniens qui n'avaient que faire de la « vérité ». Il procédait à un montage de fragments en petites unités de sens se suivant rythmiquement. Avec *L'Homme à la caméra* (*Čelovek a kinoapparatom*), 1929, il a réalisé, pourrait-on dire, de manière absolue, l'une des deux possibilités extrêmes du cinéma, un certain héritage « scientifique » des frères Lumière. Ce film alterne les étapes de sa propre fabrication, jusqu'à la projection, avec ce qui est filmé,

***L'Homme à la caméra* de Dziga Vertov, 1929.**
La reproduction technique a fait naître l'utopie d'une image adéquate à la réalité, qui viendrait se reconnaître dans son double, libéré d'arrière-monde et de toute signification.
Ph. © coll. Cahiers du cinéma.

c'est-à-dire une journée ordinaire de la vie anonyme. Une vie de travail et de loisir, de mort et de naissance, sans profondeur, sans arrière-monde de significations métaphysiques, idéologiques ou historiques. Une vie immanente à sa propre apparence et à son mouvement, que reproduisent les images cinématographiques. Ainsi, le monde coïncide avec lui-même par sa reproduction sur l'écran.

L'autre possibilité extrême du cinéma, l'héritage de Méliès, comme « fabrique d'image, de fiction, d'histoire et de signification » (le cinéma non plus comme la réalisation du rêve scientifique et objectiviste du XIXe siècle, mais comme son rêve complémentaire d'œuvre d'art totale et de synthèse des arts), a été réalisée tout aussi absolument, par un autre Soviétique, Sergueï Mikhaïlovitch Eisenstein : ce sera *Ivan le Terrible* (*Ivan Groznyi*), 1943-1945, la vérité du stalinisme, film interdit à son tour et resté inachevé. Ce film, indubitablement le plus grand monument de l'histoire du cinéma, n'appartient cependant pas au contexte du cinéma muet. Eisenstein (*La Grève, Stačka*, 1924, *Le Cuirassé « Potemkine »*, *Bronenosec Potemkin*, 1925, *Octobre*, *Oktjab'*, 1927, *La Ligne générale*, *Staroe i novoe*, 1929, *Alexandre Nevski*, 1938, et *Ivan le Terrible*) commence par critiquer Vertov, en l'accusant d'avoir transformé l'appareil – la caméra et la reproduction – en fétiche. Il veut une forme nouvelle. Non pas les faits, mais l'attitude par rapport au fait : le jugement, grâce à l'angle de la prise de vues, au cadrage, à la lumière, par un conflit donc dans la reproduction entre les deux termes de l'image et de la réalité.

A la place du montage mécanique et extérieur des faits, il exige le montage des liaisons internes et l'image dynamique. Contre Vertov et la conception objectiviste du cinéma, il défend l'art, la fiction, le sens et la forme ; contre le formalisme visuel, il parle d'idée et de contenu ; contre les Américains et leurs émules soviétiques, il refuse d'identifier le montage avec la succession narrative des plans et leur alternance ; contre la « distanciation » brechtienne, il affirme et revendique le « pathétique ». Pour Eisenstein, la réalité ne se réduit pas à des faits que la pensée interpréterait au moyen des concepts, ceux-ci sont des formes de l'existence que la pensée révèle en les constituant. Et à leur tour, les idées sont des réalités, des forces agissantes dans le monde.

Par ce qu'il appelle le « montage dialectique », Eisenstein veut atteindre l'unité synthétique de la réalité et de la pensée, de l'idée et de l'affect dans la « sortie du soi » qui a un sens révolutionnaire au début de son œuvre et signifie l'extase mystique à la fin. Dans ses écrits théoriques et surtout dans ses réalisations cinématographiques, Eisenstein était à la recherche d'un langage d'image-concept, révélateur des lois identiques de la réalité et de la pensée. Il a réfléchi sur toutes les possibilités du montage et les a réalisées : le montage d'attraction des faits hétérogènes, le montage dans le cadre et un montage de développement organique, à partir de ce qu'il appelait des « cellules ». Il a expérimenté toutes les techniques du montage : métrique, rythmique, tonale, mélodique, harmonique, polyphonique, métaphorique et intellectuelle. Mais la plupart de ses films ont été mutilés, et lui-même a été critiqué et traité d'intellectuel formaliste.

Ce qui triomphe, en fait, dans le cinéma mondial, c'est la conception « honnêtement narrative » du montage des Américains, celle que pratique, en Union soviétique, Vsevolod Poudovkine. Pour celui-ci également, un film se constitue d'une succession de plans, mais le montage ne crée pas ; il dépend du récit, de l'action, d'une continuité préexistante. Le réalisateur choisit et met en valeur, par la caméra et le montage, ce qui dans cette continuité est le plus intense, du point de vue d'un spectateur idéal, en maintenant le rapport entre l'objet et son lieu, entre le plan rapproché et le plan général, en éliminant le superflu, les intervalles et les temps morts.

Plus que le montage qui, dans son principe, est fondé sur la relation entre des éléments discontinus pouvant être, de par leurs origines, indépendants les uns des autres, la conception de Poudovkine, qui présuppose une continuité, s'approche de l'idée courante du découpage dans le cinéma dramatique ou narratif. Comme son nom l'indique, le « découpage » consiste à découper une continuité et à la reconstituer à un autre niveau, en la décantant, à l'aide de ses éléments les plus significatifs.

Mais le concept du montage était si fort dans le cinéma soviétique que même dans les seuls bons films de Poudovkine – *La Mère*, *Mat'*, 1926, *La Fin de Saint-Pétersbourg*, *Konec Sankt-Peterburga*, 1927, *Tempête sur l'Asie*, *Potomok Čingishana*, 1928 – il se produit toujours, à partir de la situation dramatique, un montage lyrique et métaphorique que l'on trouvera rarement ailleurs dans le cinéma narratif. C'est pourtant ce cinéma que Poudovkine – qui deviendra l'un des cinéastes du « réalisme socialiste » – théorise dans son livre *Film Technique*, l'une des bibles du cinéma « réaliste » en général, un cinéma qui va établir son règne quasi exclusif avec le parlant.

Le cinéma parlant classique

Le cinéma classique

Le cinéma, qui offre la particularité d'être une invention scientifico-technique en même temps qu'une fantasmagorie, commence par être à la fois archaïque et moderne, avant d'être classique. Archaïque, parce qu'il lui faut tout créer et parce que les premiers films ne sont pas des totalités organiques, intégrées, homogènes et closes. Moderne, dans la mesure où, en Europe, les différents modes d'expression cinématographique se développent dans un contexte marqué par les avant-gardes artistiques et littéraires, elles-mêmes ouvertes aux traditions archaïques. Mais dans ces domaines, il n'existe pas de relation unilatérale de cause à effet. On peut dire, par exemple, que le « montage », qui est un moyen spécifiquement cinématographique – et pour beaucoup, sinon son essence, du moins l'un de ses principes de base –, avant d'apparaître au cinéma et de dominer certaines écoles des années 20, a été déterminant pour les courants artistiques, littéraires et théâtraux des premières décennies du siècle : cubistes, dadaïstes, surréalistes, Joyce,

Brecht, etc., ont utilisé les principes du collage et du montage. L'existence de la reproduction technique – la photographie et la grande presse –, avant même l'extension de leur propre possibilité, avait été essentielle pour la naissance de la modernité artistique. Au début du XXe siècle, ce fut le montage, même s'il n'est devenu effectif au cinéma que plus tard. L'une des principales différences entre l'art moderne et le classicisme est fondée sur l'opposition entre le montage et la totalité organique. C'est pourquoi le cinéma « classique » s'efforcera toujours de nier l'existence du montage et de le rendre, comme le dira le plus grand des critiques de cinéma, André Bazin, « invisible ».

Avec la grande crise économique de la fin des années 20, la situation politique et sociale change. La crise met fin aux avant-gardes artistiques : c'est le triomphe des « réalismes ». Dans ce contexte, et pour parer à leurs difficultés financières, les studios Warner lancent le film parlant (*Le Chanteur de jazz*, *The Jazz Singer*, Alan Crosland, 1927). Grâce au son, l'enregistrement et la reproduction de la réalité vont devenir presque parfaits. Le cinéma semble pouvoir enfin réaliser un vieux rêve : reproduire le monde à sa ressemblance. Cependant, pour qu'un cinéma « réaliste » puisse s'affirmer, il a fallu aussi que le choix – effectué et concrétisé surtout par les cinéastes américains – d'un cinéma strictement narratif et réaliste donne une orientation particulière au développement des moyens d'expression. On a vu déjà (*cf.* p. 27) les règles de ce cinéma fondé sur une double articulation : celle qui constitue un tout organique et clos avec les raccords de regards, de directions de mouvement, de lumières, d'échelles et de changements de plans, et rend possible ainsi la seconde articulation qui intègre mentalement, affectivement et visuellement, le spectateur dans l'espace imaginaire du film.

Le « réalisme », c'est-à-dire la ressemblance de l'image avec la réalité, ou du moins sa vraisemblance, est au cinéma la condition première du classicisme. Non pas que le film classique manque de conventions, elles sont même plus nombreuses qu'ailleurs, mais les conventions du cinéma classique exigent avant tout la ressemblance et la vraisemblance. Elles ne s'imposent pas pour elles-mêmes, ne s'interposent pas entre le spectateur et ce qui est censé être son but, l'histoire racontée. Elles sont à son service. Il suffit de penser à ce qui différencie un tableau de Raphaël et un tableau cubiste : dans les deux cas, il s'agit d'artifices, de matériaux et de formes picturaux. Chez Raphaël, ils sont au service des motifs peints et leur donnent leur véritable contenu. Ce sont ces motifs et ces contenus qui apparaissent d'abord, et les matériaux, les formes et leurs sens – l'essentiel du tableau – ne sont visibles que pour le « connaisseur ». Sur une toile cubiste, au contraire, ce sont les matériaux et les formes qui constituent les véritables contenus. Ici, il faut être d'abord « connaisseur » des matériaux et des formes pour pouvoir accéder au tableau. La peinture classique semble donc, au premier abord du moins, être « transparente » et communicative, la peinture moderne ne l'est certainement pas. Les mêmes règles de transparence, de communication, de vraisemblance, de relation de cause à effet, d'unité, de cohérence, de clôture, la même « idéalisation » de la réalité par la beauté de l'image définissent le cinéma classique. Ici aussi, l'artifice, une fois posé, ne doit plus s'imposer au regard. A cette fin, on utilise toutes les techniques des raccords du montage invisible.

Pour ce cinéma, la « forme » a la signification qu'on lui donnait dans l'esthétique classique : la réalisation de l'unité du sens et du sensible. Il a ainsi hérité du principe de la mimêsis, de l'« imitation », fondée sur la ressemblance et visant à la rédemption des phénomènes dans le monde de l'idée. Le cinéma classique veut être une synthèse de Lumière et de Méliès, de l'objectivité et de la subjectivité, immanente à l'apparence et ce grâce à l'« image de la réalité ». Cependant, dans cette formule, c'est le terme « image » qui se trouve accentué, non pas certes comme une « réalité » indépendante et propre en tant qu'image, mais comme la réalisation du sens, de la forme, de l'essence ou de l'idée de la réalité sur le miroir de l'écran. Le miroir écran du cinéma hollywoodien est le lieu privilégié du classicisme au cinéma.

Le système Hollywood : le « cinéma » américain

Avec cent millions de spectateurs par semaine, Hollywood à son apogée, dans les années 20, 30 et 40, figurait au cinquième rang de l'industrie américaine, ce qui offrait de nombreuses possibilités. Bien qu'étant un capitalisme d'aventuriers spéculant sur des

***La Chevauchée fantastique* de John Ford, 1939.**
Nulle part ailleurs que dans le western n'apparaît l'une des possibilités essentielles du cinéma : l'art de l'espace, du mouvement et de l'action. C'est grâce à cela que cette image mythologique de la fondation de l'Amérique a pu conquérir l'imaginaire du monde.
Ph. © Cinestar.

chimères, il était organisé selon des modèles de l'industrie moderne : division du travail, bureaucratie et compétence professionnelle à tous les échelons. Il existait des départements spéciaux pour chaque étape, du scénario à la commercialisation. La production d'un film était une « entreprise », utilisant beaucoup de monde, d'argent et de matériel, dirigée par un producteur. Le réalisateur n'intervenait souvent qu'au moment du tournage sur le plateau et n'avait qu'exceptionnellement le dernier mot sur le montage et la finition du produit, qui était testé sur un public, et transformé au besoin, avant d'être lancé sur le marché. Quelques-uns seulement parmi les grands réalisateurs ont pu exercer un véritable contrôle sur leurs films.

Les films devaient raconter des histoires et être émouvants : ils avaient pour modèles les « genres » et pour matériau les « stars ». Celles-ci étaient essentielles : les objets idéaux d'identification et de rêve que les spectateurs venaient voir. Chacune avait son physique et sa personnalité, sinon fabriqués, du moins remodelés, jusque dans la vie privée, par les studios. Pour les mettre en valeur, les rendre présents, le style de photographie et d'éclairage du studio s'appliquait à détacher les silhouettes et à rendre les visages désirables. De toute manière, le « beau » style photographique et son charme attractif étaient de rigueur. Des côtés « laids », et même « malpropres », pouvaient apparaître dans les scénarios et leurs implications, mais l'image, aidée grandement par la musique, devait toujours être correcte, harmonieuse, sans dissonance et de bon ton, pour faire passer le reste.

Avec les stars et les genres, Hollywood engendrait des habitudes chez le public et répondait à son attente. Chaque genre avait son style photographique et musical, et son rythme narratif. Les genres constituaient un ensemble varié pour un large public : comédie, mélodrame, aventure, western, comédie musicale, film historique, social (pour les années 30), d'horreur, de gangster (les années 30 aussi), puis le film noir. La « romance » était souvent obligatoire pour tous les genres. Ceux-ci répétaient de film en film – des films qui avaient une étroite connexion entre eux – des similitudes et des différences, pour être à la fois reconnaissables et nouveaux. Étranger aux catégories de l'esthétique traditionnelle, et même au concept de l'art, le cinéma américain constituait un univers en soi. Il a été la plus grande fabrique de mythologie des temps modernes, où chaque film présentait un fragment ou une variante de l'un de ses mythes. Et, comme dans toute mythologie, c'est l'ensemble qui importait, et celui-ci exigeait une dimension collective et anonyme pour son fonctionnement. Toute la production formait un système auquel venait s'ajouter un mode de vie et de travail qui donnait au monde une image rêvée de plaisir et de divertissement. Créé de toutes pièces, Hollywood était en lui-même tout un « cinéma », l'un des plus grands mythes du XXe siècle.

Pendant des dizaines d'années, le cinéma américain a été le seul à avoir une continuité et surtout un « style ». Hollywood peut se comparer à Manhattan, qui est la seule ville du XXe siècle à avoir créé un style, fondé sur la simplicité de l'angle droit, avec une grandeur et une énergie spécifiques. Parler de système et de style ne signifie pas nécessairement qu'il n'existe pas de différence entre les films, les œuvres majeures et les produits de routine. A l'intérieur du même style, les grands créateurs du cinéma américain classique ont eu chacun leurs thèmes et leur préférence esthétique. Ils sont trop nombreux, ainsi que les films importants, pour que l'on puisse se permettre ne serait-ce que de les nommer ici. On s'en tiendra à un seul, Howard Hawks, le plus américain, le plus performant, le plus élégant de tous et le maître de presque tous les genres : *Scarface*, 1930-1932, *L'Impossible Monsieur Bébé* (*Bringing Up Baby*), 1938, *Seuls les anges ont des ailes* (*Only Angels Have Wings*), 1939, *Le Grand Sommeil* (*The Big Sleep*), 1946, *Rio Bravo*, 1959, etc.

L'unité du style hollywoodien tient aux conditions de production, mais aussi essentiellement au public. L'Amérique est un pays d'immigrants venus de partout et de toutes les couches sociales. Elle n'est pas fondée sur une Histoire, mais sur une utopie inspirée des valeurs du siècle des Lumières (le XVIIIe, bien sûr, non pas celui des inventeurs du cinéma !, même si pour les Américains il existe un rapport entre les deux). Ce projet est très simple : la liberté et le bonheur de l'individu résultant de son action, sans préjudice pour les autres. Peu importe que ce projet soit devenu ou non une réalité effective : le cinéma classique hollywoodien a eu pour but de montrer la réalité de ce projet comme miroir d'identification collective destiné à tous ces gens de provenance diverse. Sans doute, pour qu'il y ait événement et fiction, pour que ce projet démontre son effectivité, il faut qu'il soit en danger, mais la menace doit pouvoir être surmontée. Le cinéma hollywoodien a été investi par l'énergie et les espérances de ces immigrants venus au pays de la grande promesse. Non seulement son utopie et son énergie, mais aussi sa forme, doivent répondre à leur attente et recréer en eux cette utopie et cette énergie malgré les déboires et les démentis de la vie quotidienne. Sa forme doit aussi être immédiatement lisible, communicable, transparente et reconnaissable universellement, pour des gens qui

Lauren Bacall et Humphrey Bogart dans *Le Grand Sommeil* de Howard Hawks, 1946. *Avec les genres, les stars ont fait la puissance d'Hollywood, dont toutes les techniques servaient à les mettre en valeur. Avant d'incarner un quelconque personnage, la star doit d'abord et toujours jouer son propre rôle.* Ph. © Cinestar.

manquent de références communes. Son sens doit être immanent à cette forme, sans préalable ni au-delà. C'est cela qui a rendu possible la réception universelle du cinéma hollywoodien.

Le cinéma classique américain (*cf.* aussi p. 29) suppose l'identité dynamique de l'image et de la réalité, de l'intrigue et de l'apparence visuelle, qu'il réalise par l'économie de l'action, l'efficacité des moyens et l'impact émotionnel. Il a pour but de raconter des histoires dont les ressorts sont le mouvement physique ou l'action dramatique. Son point de départ se situe dans les situations et leur charge émotionnelle qui permettent l'identification du spectateur et la décharge affective. Les situations et les figures typiques qui y sont engagées doivent être des universaux repérables. Le reste, la particularisation des personnages, des décors, des époques, vient concrétiser, donner corps à ces situations et ces figures et non l'inverse (si l'on compare un grand film classique américain, *Les Quatre Cavaliers de l'Apocalypse*, *The Four Horsemen of the Apocalypse*, de Minnelli, 1961, et un chef-d'œuvre « décadent » de Visconti, *Les Damnés*, *La caduta degli dei*, 1969, qui tous deux retracent l'histoire de familles pendant le nazisme, on verra que chez Visconti le drame est une descente dans l'enfer du nazisme, tandis que chez Minnelli il s'agit d'un drame qui se situe à cette époque et qui aurait aussi bien pu avoir un autre cadre). La mise en scène crée la réalité de ces situations en exaltant leur charge affective. Telles sont les conditions de la prégnance formelle du cinéma classique américain. Mais cette forme, son énergie et sa force d'attraction universelle ont deux écueils : les réalités historiques et les pensées des hommes qui désagrègent les situations et les figures typiques et, par conséquent, les normes de l'esthétique classique.

Rien ne révèle mieux la différence entre le cinéma hollywoodien et les grands films européens que la comparaison de deux œuvres successives d'un même auteur, par exemple Josef von Sternberg, avec la même star, Marlene Dietrich : *L'Ange bleu* (*Der blaue Engel*, Allemagne, 1930) et *Morocco* (États-Unis, 1930). *L'Ange bleu* dérange et agresse constamment le spectateur, non seulement avec la pénible dégradation d'un « professeur respectable » à cause d'une « chanteuse », mais par la présence même de Marlene Dietrich, de son corps, de ses vêtements, et par tout ce que cette histoire révèle, grâce à une mise en scène à la fois naturaliste et symbolique, de la passion en général et d'un malaise particulier à l'Allemagne. En passant en Amérique, toute cette réalité s'est évanouie dans une perfection de rêve. La star a perdu sa présence charnelle, on lui a refait une silhouette, un visage et même un cœur de bonne fille : elle est devenue une image, tout comme Gary Cooper et le Maroc. L'érotisme ayant quitté les corps s'est métamorphosé en un fétichisme généralisé de l'image photographique, de la lumière et des ombres, dont Sternberg est l'un des plus grands maîtres. A la différence de *L'Ange bleu*, *Morocco* protège le spectateur et constitue une véritable partie de plaisir. Sans doute cet exemple est-il extrême. Pour Hollywood, *Morocco* reste, dans tous les sens du terme, un produit exotique, mais il l'est à l'intérieur du système. La ville du cinéma, où déjà beaucoup d'Européens avaient immigré, où beaucoup d'autres allaient s'exiler, aurait pu répondre que l'Amérique a été fondée sur les valeurs du siècle des Lumières, que par conséquent l'art avait pour Hollywood la fonction hédoniste et « éducative » que les Lumières lui reconnaissaient et ne prétendait à rien d'autre.

Ce modèle, qui s'impose au cinéma mondial, pourra difficilement atteindre ailleurs – parce que les conditions ne sont pas réunies – l'énergie, la légèreté, l'harmonie formelle et l'« universalité » du cinéma hollywoodien. Dans d'autres pays, on est obligé de se cantonner dans des produits de consommation locale ou bien de créer des chefs-d'œuvre. C'est sous la pression de la réalité et de la pensée – dont la décantation préalable est la condition *a priori* de la pureté formelle du cinéma hollywoodien – que les grands films doivent créer leurs propres formes : à la limite, chaque œuvre tendra à devenir une création autonome.

Le pouvoir de la parole : Fritz Lang

Le parlant avait été, en général, mal accueilli par les grands cinéastes du muet. Le son venait remplir un manque qui avait été une source de richesse. Les films ne semblaient plus devoir servir qu'à la mise en valeur des dialogues. L'univers du cinéma muet était un univers d'absence : sa force tenait à son caractère fatal, à la qualité spectrale, irréelle et accomplie du déjà passé. La parole donnait l'illusion de la réalité et essentiellement celle de la présence qui allaient changer les formes d'expression cinématographique. On en voulait surtout au synchronisme entre l'image et le son, qui rendait le son « inaudible », en tant que matériau spécifique, comme il rendait l'image « transparente » et le montage « invisible », soumettant l'image, le son et le montage à la présence de l'histoire.

Lang est l'un des premiers cinéastes à avoir utilisé, dans ses allégories sur la montée du nazisme, le son comme un matériau distinct. *Le Testament du docteur Mabuse* (*Das Testament von Dr. Mabuse*), 1932, le met en scène et le rend visible : c'est le haut-parleur derrière un rideau-écran, la parole enregistrée et absente par laquelle le Maître donne ses ordres (c'est avec la radio que les nazis, et d'autres à leur suite, affermirent leur pouvoir). Dans *M le maudit* (*M*), 1931, le son est d'abord l'air que siffle l'assassin psychopathe chaque fois qu'il est assailli par son obsession. Il est aussi, en tant que son *off*, un indice, mais également un moyen de création d'un espace dramatique hors champ. Cependant, la parole en soi n'est pas seulement un prolongement du visible et, au cinéma, de l'image. Dans *M*, la parole, par sa différence, est la condition de possibilité d'un questionnement sur la réalité, ce qui introduit des ruptures dans le continu et transforme la narration organique en une forme ouverte et moderne de chronique.

La sensibilité de la pellicule : Jean Renoir

L'image de reproduction change de possibilités avec la sensibilité de la pellicule. L'aspect quelque peu « abstrait » des anciennes photographies, comme des films, venait aussi de la faible sensibilité des pellicules, de leur absence de nuances de gris, de leur aveuglement à certaines couleurs. Jean Renoir, le fils d'Auguste, a pu qualifier, avec raison, Lumière de « dernier peintre impressionniste », mais les « Vues » de celui-ci étaient loin de posséder les nuances sensibles des peintres. La relation entre la peinture et la reproduction technique avait été très paradoxale. La photographie a réduit le monde au visible, à ce qui est donné, sans signification ou arrière-monde, au regard – condition de possibilité de la peinture de Manet –, et l'instant et le motif, qui ont déterminé l'impressionnisme, sont inhérents à l'essence de la photographie. Cela n'a pas empêché les photographes de commencer d'abord par des temps de pose très longs et par l'imitation de la peinture ancienne. La révélation de la nature grâce à l'objectif n'est pas automatique, elle est le résultat de tout un art.

Le dernier peintre impressionniste n'est pas Lumière, mais Jean Renoir lui-même, lorsque le développement du panchromatique a rendu la pellicule sensible non seulement à toutes les nuances du paysage (la scène de la chasse dans *La Règle du jeu*, 1939, ou les bords de la rivière dans *Partie de campagne*, 1936-1946), mais aussi à toute la complexité et la fugacité des émotions qui traversent le visage de l'actrice dans ce dernier film. Cependant, cette grande sensibilité au motif implique aussi une ouverture au passage du temps. Cela diminue la force coercitive du cadre, du scénario et du plan de travail, qui font du tournage de tout film, comme dans la peinture classique, la réalisation d'une esquisse préalablement élaborée et mise au carreau. Comme l'instant et le motif pour les impressionnistes, pour Jean Renoir l'essentiel a lieu au moment du filmage, dans l'ouverture au possible, ce qui ne signifie pas l'improvisation. C'est ce qui a permis, grâce aussi à l'utilisation de l'espace sonore et des mouvements d'appareil, tout le jeu entre le théâtre et la vie, entre premiers plans et profondeur de champ, et les entrées et les sorties du cadre qui donnent cette impression d'impromptu à *La Règle du jeu.*

Joseph Cotten, Everett Sloane et Orson Welles dans son film *Citizen Kane*, 1941. *En remplaçant l'art du mouvement et de l'action par la réflexion sur le cinéma,* Citizen Kane *a coupé en deux l'histoire du cinéma. Il y a un cinéma avant, et un autre après ce film, mais pendant longtemps on n'a voulu voir en lui que la profondeur de champ et les plafonds !*
Ph. © coll. Cahiers du cinéma.

La réflexion sur l'image : Orson Welles

On a vu que le cinéma classique implique une unité dynamique et immédiate de l'image et de la réalité, du sujet et de l'objet, de Méliès et de Lumière, avec un sens immanent à l'apparence et une image pleine et communicative. L'écriteau fixé sur des grilles interdisant l'entrée – *No trespassing* – qui marque la première image de *Citizen Kane*, 1941, et la différence, dans ce film, entre la reproduction du monde-Lumière (les actualités) et la fiction-Méliès (le film comme œuvre d'art) sont, à l'intérieur du cinéma parlant, la première rupture franche avec le cinéma classique, un peu comme, en peinture, l'avènement du cubisme. L'image ne révèle pas l'objectivité, elle est une « représentation » qui renvoie à une subjectivité et à une réflexion constitutives. Le sens n'est pas immanent à, et visible dans, l'apparence, il est masqué par elle. Il y a une profondeur de sens et, par conséquent, une profondeur de champ, une profondeur sonore ainsi qu'une profondeur de temps (Histoire et passé). L'action est la matrice du cinéma américain, l'origine de la pureté de sa forme. A la place de l'action, *Citizen Kane* met la réflexion au centre du film et aux fondements de sa forme. Il montre aussi le caractère illusoire des valeurs qui étaient à la base du cinéma hollywoodien : la réalité de la liberté et du bonheur de l'individu. La conscience de l'Histoire, absente du cinéma américain, s'accompagne d'une conscience de l'histoire du cinéma. *Citizen Kane* est le premier film à se situer par rapport à un langage classique constitué et en relation avec tout le passé du cinéma. Venant du théâtre et de la radio, dont il avait été l'un des grands maîtres, Welles a fait un retour à l'image à partir de la parole, avec tout ce qu'implique la distinction entre la parole et l'image. Ce qui aboutira, dans *La Dame de Shanghai* (*The Lady from Shanghai*), 1947, à l'exposition et à la pulvérisation des bases du cinéma hollywoodien : l'écran-miroir et l'image de la star.

La révélation du réel : Roberto Rossellini

Si la crise et la guerre ont déterminé indirectement les mises en question de Welles, en Italie leur effet a été direct : destruction des studios et du cinéma fasciste. Dans *Paisà*, 1946, Rossellini repart d'un certain degré zéro du cinéma : peu de matériel, des acteurs non professionnels, les rues, les paysages et les lieux existants ainsi que les événements vécus, dont l'image ne se sépare que pour en devenir l'empreinte et la trace. Rien ne distingue l'Histoire de la réalité immédiate, ou le sens de la présence qui se découvre à la caméra, redevenue moyen de révélation du monde. Cependant, ce qui semble naître d'une situation particulière ne disparaît pas chez Rossellini avec l'époque de la Résistance. Il continue même lorsque les films sont consacrés à une star, arrivée d'Hollywood et convertie au « néoréalisme », comme une partie du cinéma mondial. Nordique et parlant même l'anglais avec un accent, Ingrid Bergman ne ressemble en rien à une Italienne ou à une actrice non professionnelle. Elle n'est pas à sa place. *Stromboli*, 1949, et *Voyage en Italie* (*Viaggio in Italia*), 1953, partiront justement de cette extériorité d'un être, objet de regards, et de son regard étranger sur ce qui l'entoure. Mais cette extériorité, au lieu d'engendrer une dualité réflexive, est portée par l'évidence d'une présence primordiale. Les événements et le tournage du film peuvent avancer de manière libre et imprévue, ils conduisent toujours, lorsque le désespoir semble devenir radical et la mort menaçante, à cette révélation quasi épiphanique (de

Dieu) dans le monde et de sa présence réelle. Cette révélation non intentionnelle – de la « nature » par l'objectif – sera pour André Bazin, le critique contemporain du « néoréalisme », l'essence même du cinéma.

La logique du fantasme : Alfred Hitchcock

La photographie, la criminologie moderne, le roman policier et aussi la psychanalyse appartiennent à une même constellation, où n'importe quel fait quotidien, objet de hasard, fonctionne comme indice ou symptôme. Dans la société moderne, les seules « aventures » sont celles des différents genres du « roman policier », dans lesquels l'extraordinaire ne quitte pas la vie quotidienne, mais où les choses les plus ordinaires commencent à devenir signes. Cette métamorphose d'objets quelconques en signes est l'un des fondements du cinéma : c'est sur cette base que se constituent les films de Hitchcock. A y regarder intensément, les signes s'imposent avec une fatalité qui n'est plus le *fatum* ancien mais celle de l'inconscient : les indices s'ordonnent selon la logique du fantasme. Le cinéma de Hitchcock est celui où les souhaits se réalisent, entraînant leur châtiment avec l'implacabilité du cauchemar, comme dans *Psychose* (*Psycho*), 1960. C'est un cinéma où tout un chacun, par ses désirs informulés mais projetés dans les faits, se trouve en position de coupable ou d'assassin, comme le montre, dans le registre comique, *Mais qui a tué Harry ?* (*The Trouble with Harry*), 1956. Le cinéma, a dit Bazin, substitue à notre regard un monde accordé à nos désirs : ce peut être le « réel » révélé de Rossellini ou le monde rendu à la pureté de son mouvement de Vertov, mais dans le cinéma classique, celui de Hitchcock, c'est un monde accordé à la position du rêveur conscient de son rêve – *La Mort aux trousses* (*North by Northwest*), 1959 – ou à celle du spectateur-voyeur des films. Ainsi, dans *Fenêtre sur cour* (*Rear Window*), 1954, le photographe, à la jambe plâtrée, immobile donc comme le spectateur au cinéma, regarde avec son téléobjectif ses voisins d'en face. C'est, réalisateur et spectateur réunis, l'« homme cinématographique », celui qui en regardant le monde à travers la caméra y découvre l'histoire – qu'il y projette –, en l'occurrence un crime, comme ce fut le cas avec les premières utilisations de la photographie.

Appareil unique. Formes et sens multiples

Malgré la tendance à le considérer encore comme un « phénomène », le cinéma n'est pas définissable une fois pour toutes. Il ne se résume pas à une relation de la caméra au filmé, à une position du spectateur dans la salle obscure, ou à telles ou telles normes et pratiques esthétiques. Il est une création continue. Comme tout art, chaque film véritable, en créant de nouvelles formes, découvre de nouvelles possibilités et un sens différent des matériaux et des techniques. Dans ce parcours général, on ne peut évoquer ici, et encore très rapidement, que quelques-unes de ces possibilités, à titre introductif, afin de montrer l'extraordinaire diversité des films, sans entrer véritablement dans les œuvres. De plus, y manquent, et pour le moins, Jean Vigo, Robert Bresson, Max Ophuls, Kenji Mizoguchi, Yasujiro Ozu, Ingmar Bergman, Buñuel et Dreyer parlants, le dernier Lang, et tous les grands du cinéma hollywoodien, lequel devient de plus en plus complexe et se diversifie, pour terminer sa grande époque avec Otto Preminger, Samuel Fuller et Nicholas Ray.

Ce qui commence au-delà de cette époque « classique » du cinéma, et pour des raisons indiquées au début de ce chapitre, pourra être appelé « nouvelle modernité » cinématographique. Celle-ci n'a pas d'unité, de règles ou de normes, et se situe en rupture, et non plus seulement en « bordure », du cinéma classique. Elle n'a d'autre impératif que de créer du nouveau avec chaque film.

La Nouvelle Vague et le cinéma contemporain

Remarquons d'abord les conditions politiques – fin de l'après-guerre, triomphe du modernisme, les crises provoquées en France par la guerre d'Algérie et plus tard, en Amérique, par la guerre du Viêt Nam, qui vont aboutir à Mai 68 – pour nous en tenir aux aspects purement cinématographiques du tournant, qui commence en 1958. Celui-ci a été préparé par ce que l'on a appelé la « politique des auteurs » : l'importance donnée au metteur en scène qui, avec son « œuvre », prend la tête de l'affiche au détriment des stars, dont l'image commence à se détruire à cause de la télévision.

Ce changement est dû aussi à l'existence, en France, de la Cinémathèque. Avec sa volonté pédagogique de montrer et de programmer les films, Henri Langlois a formé, pour plus d'une génération, tout ce qu'il y a eu de créateur dans le cinéma mondial. Beaucoup de gens – non seulement les futurs réalisateurs, mais aussi un large public, sans lequel le nouveau cinéma n'aurait jamais existé – ont pu ainsi connaître l'extraordinaire richesse et la « diversité historique » de l'art du cinéma. A cause de cette nouvelle conscience, on saura désormais que l'existence du cinéma ne va pas naturellement de soi.

Pour la réunion de ses écrits, avant sa mort en 1958, André Bazin avait choisi le titre de *Qu'est-ce que le cinéma ?*. Cette question définit bien les pratiques cinématographiques depuis la fin des années 50. La poser implique en effet que l'époque de la certitude et de la croyance est révolue. Car de telles époques, comme l'ensemble du cinéma jusqu'à ce moment-là, connaissent seulement des réponses. La question est à la fois doute et recherche, elle est réflexion. La réflexion détermine la (nouvelle) modernité du cinéma. Elle implique une rupture avec la tradition, que Welles avait accomplie au début des années 40 (*cf.* p. 59). Ruptures et questions qui ne commencent à dominer beaucoup de films que plus tard, car même Bazin ne pose sa question que pour lui donner une réponse affirmative : le cinéma est la révélation de la réalité fondée sur le « réalisme ontologique » de l'image photographique (on y reviendra plus longuement, dans la seconde partie). L'influence pratique et théorique de cette conception sera immense. Mis à part leur dimension anthropologique, métaphysique et esthétique, les idées de Bazin ont une origine historique : l'existence du néoréalisme italien. Cependant, pour Bazin et ses disciples cinéastes, il ne s'agit pas du même néoréalisme.

Pour Bazin, le néoréalisme était l'accomplissement de ce dont on voyait les prémices dans *Toni*, 1934, de Jean Renoir : tournage en extérieur, rupture avec les

Paisà
de Roberto Rossellini, 1946.
La Seconde Guerre mondiale et ses horreurs ont détruit beaucoup de choses, entre autres l'innocence du monde imaginaire du cinéma auquel Rossellini a préféré la « révélation de la réalité ».
Ph. © coll. Cahiers du cinéma.

conventions du studio, plus grande proximité avec la réalité et, aussi, avec ceux – le peuple – qui constituaient la grande masse des spectateurs du cinéma et dont la vie restait exclue de l'écran. Mais *Toni*, comme *Ossessione*, de Visconti, 1942, sont encore dominés par la passion. Le néoréalisme sera social et historique. Son modèle le plus connu, *Le Voleur de bicyclette* (*Ladri di biciclette*), Vittorio De Sica, 1948, constitue le point de départ pour beaucoup de cinémas nationaux, comme celui de Satyajit Ray en Inde. On peut lui préférer des films moins mélodramatiques de De Sica, comme *Umberto D.*, 1951. Le mélodrame social caractérise d'ailleurs la majorité des productions néoréalistes, où la dimension mélodramatique apparaît davantage aujourd'hui que le réalisme.

Les contradictions du néoréalisme se manifesteront plus tard dans le cinéma italien. Un Visconti, par exemple, est, dans son principe, contre l'idée même de la spécificité du cinéma et de la « prétendue révélation de la réalité par la vertu thaumaturgique de la caméra ». A la différence d'une grande partie du cinéma qui a repris les formes populaires de la culture du XIXe siècle (le feuilleton, le mélo et le musée Grévin), Visconti assume l'héritage de la grande culture – le roman, l'opéra, la peinture – que la naissance de la reproduction technique avait menacée, puis détruite. Tout cet héritage s'interpose entre lui et la réalité sicilienne qu'il va filmer pour *La terre tremble* (*La terra trema*), 1948. Dans un espoir, qui fut celui des communistes italiens, Visconti a cru à l'alliance de la tradition humaniste et du peuple, de l'héritage culturel et du cinéma, pour finir par découvrir dans le cinéma ce qu'il est : un moyen de faire du « spiritisme », de voir revenir le passé et de le revoir mourir. Un lent cortège funèbre, un long regard sur le passé perdu de l'Europe : *Le Guépard* (*Il gattopardo*), 1963, *Mort à Venise* (*Morte a Venezia*), 1971, *Ludwig*, 1973. Le cinéma sera, pour Federico Fellini, en rupture avec tout « réalisme », dès *8 1/2*, 1963, un regard par le bas, une carnavalisation, une satire mélancolique et réjouissante du passé et de son propre passé : *Fellini Roma*, 1971, *Amarcord*, 1973, *Et vogue le navire* (*E la nave va*), 1983. Beaucoup plus jeune, Pier Paolo Pasolini se voudra résolument du peuple, pervertissant la vision des maîtres entre le symbolique et la chair : *Accattone*, 1961, et *Mamma Roma*, 1962. Seul Michelangelo Antonioni, avec *L'avventura*, 1960, *La Nuit* (*La notte*), 1961, jusqu'à *Identification d'une femme* (*Identificazione di una donna*), 1982 et *Par-delà les nuages*, 1995, accepte les conséquences de la reproduction technique : l'absence de drame et l'ambiguïté des sentiments imperceptibles, une vie qui se dissémine en geste, se réifie en paysages et décors, dans des moments successifs d'espace-temps découpés abstraitement par des cadres.

Presque tous ces films appartiennent au nouveau cinéma. Le néoréalisme social n'a pas eu de conséquence. L'événement considérable fut l'œuvre de Rossellini : *Paisà*, *Voyage en Italie* (*cf.* p. 61). Mais, pour que cette « révélation du réel » marque l'avenir du cinéma, il fallait des conditions différentes : une séparation entre l'« histoire » et le lieu de l'histoire.

L'effet télévision

Le commencement des pouvoirs de la télévision : tel est l'événement décisif dans l'avènement d'un nouveau cinéma à la fin des années 50. Pour comprendre les fondements anthropologiques de la toute-puissance du « grand cinéma », il faut lire *Le Cinéma ou l'Homme imaginaire*, d'Edgar Morin. Mais ce livre a été écrit juste au moment où ce cinéma était fini, alors que l'existence de la télévision commençait à le pulvériser, pour le remplacer par le « cinéma-vérité ». Le cinéma qui a suivi l'existence de la télévision est tout à fait différent de ce qui l'avait précédé : il est soit une dégradation ou une déchéance du cinéma classique, soit un cinéma totalement moderne et novateur, dans les voies ouvertes par Welles et Rossellini.

Si le cinéma moderne est surtout européen, l'effet de cette modernité va atteindre aussi l'Amérique, non seulement avec le cinéma expérimental d'un Andy Warhol, déterminé entièrement par cette dimension du singulier et du privé, qui correspond à l'essence de la reproduction technique de la réalité, mais aussi par l'importance d'un cinéma indépendant et marginal : *Easy Rider*, Dennis Hopper, 1969, *Stranger Than Paradise*, Jim Jarmush, 1984. Et il va même transformer Hollywood de l'intérieur avec Arthur Penn, Robert Altman, Francis Ford Coppola, Martin Scorsese, etc.

La télévision a eu, par rapport au cinéma, la même fonction que la photographie à l'égard de la peinture ou la grande presse par rapport à la littérature : une perte de l'aura (c'est pourquoi voir un film en vidéo ou à la télévision est tout au plus comparable à regarder une reproduction de tableau). La télévision, média froid, engendre un désenchantement de l'image qui contamine aussi l'image du cinéma, et toutes les tentatives de celui-ci pour y parer rendent ce désenchantement encore plus évident. De plus, l'image de télévision a sa finalité en dehors d'elle-même, dans un discours d'information et de communication qui prétend montrer et définir la réalité. Or l'information-communication détruit la narration, en tant que celle-ci était liée à l'expérience qu'elle transformait – par la sédimentation temporelle, qui la rendait possible – en quelque chose d'exemplaire. La communication-information ne connaît plus que des cas susceptibles d'explication (Walter Benjamin). Ainsi en est-il de la fonction des actualités, dans le premier film moderne, *Citizen Kane* (*cf.* p. 59), qui oppose, à cette volonté de l'information de disposer du sens de l'existence – l'enquête du reporter sur la signification du dernier mot de Kane –, la dimension symbolique de l'œuvre d'art.

Le flux continu télévisuel réduit les distinctions entre documents et fictions, et le principe du direct télévisuel tend aussi à s'imposer à la fiction et à détruire le cadre et la distance nécessaires à son existence. L'exiguïté de l'écran et la modicité des budgets n'exigent plus la reconstruction et l'intégration de l'esthétique du studio. Cela exercera un effet direct sur le cinéma. L'invention du matériel léger, pour la télévision, permettra aux auteurs de la Nouvelle Vague, mais aussi au cinéaste indépendant américain John Cassavetes, de tourner avec peu de moyens techniques et financiers, dans les décors extérieurs. Ce qui était une possibilité chez Rossellini a pu ainsi devenir une pratique effective.

Séparation de la figure et du lieu, du sens et du monde

Ainsi en est-on arrivé à promener caméra, acteur et fiction dans un monde qui leur préexiste. Cette extériorité entre la présence du monde et l'être en acte d'une fiction a défait l'ancienne identité de l'esthétique du studio, par une dimension de réflexivité plus ou moins théâtrale et par l'ouverture au monde contre les conventions du cadre et du drame. Il ne faut cependant pas oublier que la tradition classique de cosubstantialité de la figure et du lieu, du sens et du monde (que le cinéma avait héritée), caractérise seulement des moments particuliers de l'histoire de l'art occidental : la Grèce et la Renaissance italienne. S'il y a, dans toute œuvre d'art, un rapport entre le sens et le sensible, cela n'implique pas toujours leur synthèse ou leur identité. Dans la peinture gothique ou dans la première peinture flamande (plus proches, dans leur principe, de la photographie que l'idéalisme de la Renaissance), il existe, pour chaque objet, une dualité entre un extrême réalisme phénoménal et un sens caché allégorique (à la différence de la peinture de la Renaissance – et de sa suite cinématographique – où la forme constitue la rédemption du phénomène dans le monde de l'idée). En Italie même, cette esthétique dominait avant la révolution de Masaccio et de Donatello et demeurera à ses côtés. Rompant avec la forme classique, c'est une telle esthétique qui va déterminer les œuvres d'un Pasolini comme *L'Évangile selon Matthieu* (*Il Vangelo secondo Matteo*), 1964, *Œdipe roi* (*Edipo re*), 1967, *Médée* (*Medea*), 1969, et même *Uccellacci e uccellini*, 1966, et, d'une tout autre manière, *Moïse et Aaron* (*Moses und Aron*), 1974, *La Mort d'Empédocle*, 1986, et *Antigone*, 1993, de Jean-Marie Straub et Danièle Huillet ou, dans un autre registre, *India Song*, 1974, de Marguerite Duras. Mais ce qui apparaît là dans une référence extrême au théâtre détermine beaucoup d'autres films, comme *Amour de perdition* (*Amor de perdição*) ou *Val Abraham* (*Vale Abraão*) de Manoel de Oliveira (Portugal, 1978 et 1993), ou *Le Voyage des comédiens* (*O thiassos*) de Théo Angelopoulos (Grèce, 1975).

Le cinéma classique se définit par sa clôture formelle, par la négation de ce qui lui est extérieur, avec l'intégration du hors-champ* infini, où le cadrage découpe un fragment, en hors cadre de fiction, grâce à la technique du champ-contrechamp*. Or, à partir du moment où tout ce qui entre dans le film n'est plus surdéterminé par la fiction qui serait la manifestation du sens du monde, mais où la fiction est un élément dans le monde, des brèches s'ouvrent de plus en plus dans la clôture. A la différence des autres œuvres d'art où le spectateur se recueille pour pouvoir plonger en elles, au cinéma, le film plonge dans le spectateur qui, par l'identification-participation, perd toute distance contemplative pour être projeté au centre de l'espace-temps émotionnel de l'action. Cependant, le cinéma contemporain exige du spectateur l'attitude esthétique de distance et de contemplation et rompt l'identification et la participation affective (exploitée par le cinéma commercial en tant que choc violent et pornographique). Au lieu que le spectateur soit projeté au centre du film, l'œuvre est exposée devant son regard, se situe et situe le spectateur dans le hors-champ. Ce hors-champ extérieur est le monde, l'historicité, qu'il s'agisse de l'histoire tout court, de l'histoire du cinéma, ou de la présence de la caméra. Le cinéma classique interdisait que l'on regarde l'objectif, pour sauvegarder la fermeture du film sur lui-même (à la télévision, en revanche, on doit regarder ceux à qui l'on s'adresse). Mais, dans le cinéma contemporain, l'acteur interpelle directement le spectateur. On cherche, de plus en plus, à montrer la zone interdite du cinéma classique, qui n'était jamais visible : celle de la caméra et celle du montage où le film se constitue, dans un retour sur soi qui engendre des questions sur la réalité, le filmé, la caméra, la fiction, le spectateur, etc.

Le cinéma en tant que mouvement est impression de présence ; en tant que mouvement organisé, il est une organisation du temps en forme d'action. Si l'action perd de sa prééminence, s'il n'y a plus « suspense » (la matrice de celui-ci, avons-nous vu, est la « poursuite »), mais suspension, si le spectateur n'est pas intégré au centre de l'action, mais se trouve en position contemplative, l'organisation du temps comme action et histoire entre en crise, et c'est la contemplation et le temps même qui deviennent l'objet du film. Ainsi est-on passé, dans l'histoire du cinéma, de l'« image-mouvement » à l'« image-temps », comme l'a montré Gilles Deleuze dans ses grands livres sur le cinéma.

L'« image-temps » et l'« image-pensée »

L'« image-temps » devient visible, en tant que telle, dans *L'avventura*, par exemple, et détermine de plus en plus de films. Elle sera la teneur spirituelle des films d'Andréi Tarkovski, qu'il s'agisse du sens de la foi dans une expérience historique (*Andréi Roublev*, 1967), de l'extraordinaire d'une quête initiatique (*Stalker*, 1979), ou bien simplement de la tonalité de l'exil et de la mémoire (*Nostalghia*, 1983). Chaque fois la « réalité » est métamorphosée par la temporalité d'un regard devenu vision.

L'« image-temps » sera, pour Alain Resnais, non pas comme image de la réalité, mais comme image-pensée, la cellule de base d'une nouvelle organisation musicale. Le premier Resnais n'est pas marqué par Renoir, Rossellini et Hollywood, mais par l'avant-garde française, l'expressionnisme, Eisenstein et Welles, avec une connaissance de l'histoire du cinéma et une maîtrise inégalée de ses techniques, un sens de la forme, une conscience historique et politique extrêmement rare. Cette conscience historique devient, comme mémoire, le thème central et, comme temps, le principe structurant de ses films. *Les statues meurent aussi*, avec Chris. Marker, 1953, *Nuit et Brouillard*, 1955, *Toute la mémoire du monde*, 1956, sont parmi les plus grands courts métrages de l'histoire du cinéma. *Hiroshima mon amour*, 1959, reprend l'héritage de *Citizen Kane*, non seulement avec une autre organisation de la mémoire, mais par la coprésence des documents et de la fiction, tandis que *L'Année dernière à Marienbad*, 1961, et *Muriel ou le Temps d'un retour*, 1963, réalisent chacun Lumière et Méliès dans des œuvres limites. Comme beaucoup d'artistes modernes, Resnais a répondu par l'absolu de l'œuvre au processus de son désenchantement, en l'occurrence comme si l'« effet télévision » et ses implications techniques n'avaient pas existé.

Cependant, ces implications rompent entièrement avec l'esthétique du studio : tournage à l'aide d'une caméra portative, pellicule ultrasensible permettant la prise de vues nocturne sans éclairage ajouté ; souplesse, métamorphose constante du cadrage et de la lumière, ne masquant pas les « bavures », les ratés, les repentirs, pouvant acquérir la rapidité du dessin, de l'esquisse sur le vif ; et improvisation contre ce qui pourrait être prémédité et fini. Ainsi, *Shadows*, 1958, ou *Faces*, 1968, de John Cassavetes, à l'inverse de la distance qui va s'introduire dans les œuvres européennes, utilisent toutes ces techniques pour insuffler une nouvelle énergie à ce qu'ils filment dans la plus grande proximité.

Toutefois, cette proximité tendra à détruire le point de vue extérieur, maîtrisant les œuvres. Dans *Moi un Noir*, de Jean Rouch, 1958, à l'opposé de tous les films ethnographiques, ce sont les Noirs eux-mêmes qui improvisent et font leur « cinéma » : ce sont de jeunes Africains de la brousse, immigrés dans la ville où ils vivent leur rencontre avec la modernité par rapport aux idoles du cinéma, Eddie Constantine / Lemmy Caution (que l'on retrouvera en personne chez Godard), Edward G. Robinson, Tarzan et Dorothy Lamour. Par la démonstration de la présence ethnographique du cinéma dans la vie, le film de Rouch a constitué un événement. Il marquera Godard pour qui, dans la réalité que révèle la caméra, se promènent des fictions et des personnages du cinéma (pouvant à l'occasion s'identifier à d'autres personnages, Belmondo à Bogart ou à Michel Simon et, dans *Vivre sa vie*, 1962, le gros plan de Nana en larmes, comme reflétant le visage, sur l'écran d'un cinéma, de Falconetti dans *La Passion de Jeanne d'Arc* de Dreyer).

Pour Jean-Luc Godard, comme pour Éric Rohmer (*La Femme de l'aviateur*, 1981, *Les Nuits de la pleine lune*, 1984) ou pour Jacques Rivette (*Paris nous appartient*, 1958, *Haut bas fragile*, 1995), chaque film est un documentaire sur sa fiction. Mais pour Godard, plus précisément, c'est une image « d'actualité », conformément au principe de la reproduction technique. Cette volonté d'être actuel est sa constance : il adhère au présent et change de conviction et de style avec lui. Affichant et revendiquant une attitude d'« artiste », ce sont ses trouvailles cinématographiques qui l'intéressent : faire des images et des sons passe avant tout. Ainsi en est-il arrivé à s'identifier au cinéma, à être le « cinéma », dans sa personne, pour devenir, depuis

Welles, sans doute, le plus inventif des cinéastes, qui ne s'arrête jamais à rien d'acquis. *A bout de souffle*, 1959, est un regard de Rossellini sur un film de Fuller, du cinéma hollywoodien tourné en direct dans les rues de Paris et à rebrousse-poil, où l'action et l'émotion avancent en brisant les engrenages du cinéma classique. Ce travail d'aller à l'encontre, de défaire, de déconstruire, cette déhiscence entre figure et monde, entre la réalité et l'image – plus proche du collage que du montage –, font apparaître de plus en plus la réalité de l'image comme déterminant la réalité : ainsi dans *Les Carabiniers*, 1963, où les soldats conquièrent le monde en cartes postales, ou la publicité dans *Made in USA*, 1966. Ou bien ils posent figures et fictions dans des décors et des paysages : *Le Mépris*, 1963, *Pierrot le Fou*, 1965, et, plus encore, *Week-End*, 1967, qui rompt avec tout réalisme et ressemble pourtant au monde à la veille de 68. Cette réflexion sur l'image et la réalité continuera dans une période d'ascétisme et d'engagement politique, placée sous le signe de Dziga Vertov, avant de conduire à une volonté d'œuvre et de grand style ayant intégré en soi la patience destructrice du négatif, opposant de plus en plus un absolu de l'art à son désenchantement par l'effet télévision, dont les traces finissent par disparaître des cadres aussi bien que du montage constructif et musical des films : *Sauve qui peut (la vie)*, 1979, *Passion*, 1982, *Prénom Carmen*, 1983, *Nouvelle Vague*, 1990, et des essais exceptionnels dans l'histoire du cinéma, *Allemagne neuf zéro*, 1990, et *JLG JLG*, 1995. Il ne reste là plus rien du spectacle cinématographique ni rien de cet amour du cinéma

***Et la vie continue* d'Abbas Kiarostami, 1992.**
La révélation de la réalité par le cinéma devient dans le même temps la découverte de la fonction du cinéma dans la réalité.
© Positif

que l'on a évoqué au début de ce livre, mais quelque chose de totalement différent que l'on pourrait appeler du cinéma pur : un montage d'image-temps et d'image-pensée, en ce qu'elles tentent, dans leur vérité, de rédimer la réalité aussi bien que l'image.

« Révélation de la nature » et « Histoire »

Cette modernité ne doit pas faire oublier que le cinéma parlant classique, devenu un « idiome » international, a continué et continue de constituer l'ordinaire de la production mondiale. Même si, à cause de la prolifération des images et de ses nouvelles techniques, ce cinéma a perdu son pouvoir mythique et sa magie d'autrefois remplacés maintenant par le maniérisme et le simulacre.

À l'intérieur de ce courant mondial, il faut remarquer l'émergence en Afrique et surtout en Asie de nouveaux cinémas nationaux. Longtemps, peu de films sont parvenus à dépasser leur horizon local, exceptés ceux de Satyajit Ray et des grands Japonais – ces derniers parce qu'ils s'enracinaient dans une tradition culturelle et cinématographique différente. Aujourd'hui les cinémas du Japon (entre autres exemples, *Hana-bi* de Takeshi Kitano, 1997), de la Corée et des différentes Chine ont intégré les effets de la Nouvelle Vague et de la modernité, tout comme leurs pays ont assimilé les techniques occidentales. Ainsi, Wong Kar Waï a pu créer avec *In the Mood for Love* (Hongkong, 2000) une synthèse de la sophistication moderniste et de la romance opératique du grand cinéma d'autrefois.

Mais là où la modernité n'avait jamais pénétré, la nouveauté a paru plus radicale avec *Où est la maison de mon ami ?* (*Khanh-ye dust kojast ?* Iran, 1987), d'Abbas Kiarostami : comme une célébration, un retour aux choses mêmes, un (re)commencement du cinéma retrouvant, semblait-il, son objectif premier d'être une « révélation de la nature en son image ». La réalité filmée par le cinéma a cependant révélé aussi la réalité du cinéma et de sa force d'illusion, de feintise et de

Histoire(s) du cinéma **de Jean-Luc Godard, 1998.**
Grâce aux nouvelles techniques qui permettent d'archiver son histoire, le cinéma devient son propre « musée imaginaire ».
© Positif

faux : *Close up* (Iran, 1990). Ainsi, Kiarostami a été conduit à montrer, dans l'image de la réalité, la présence du cinéma. Comme d'une autre manière Godard, qui cherchait d'abord l'image la plus actuelle d'un moment, a découvert l'Histoire dans chaque image et dans chaque moment.

Sur la pellicule, il y avait encore, à cause de l'empreinte, de la trace, un élément magique, qui disparaît avec la vidéo et surtout l'informatique. Ceci a produit la fin d'un certain cinéma, mais aussi la possibilité d'archiver tout son passé en un musée imaginaire permettant des rapprochements et des rencontres fulgurantes entre tous les sons et les images. Grâce à ces nouvelles techniques et à ce qu'elles impliquent, le cinéma a pu, dans *Histoire(s) du cinéma* de Godard, faire un retour sur lui-même, par une réflexion sur soi et son histoire, et engendrer ainsi une nouvelle écriture, un cinéma à la seconde puissance. Cette œuvre monumentale et unique à tous égards déploie le cinéma dans sa propre essence, par-delà le spectacle divertissant pour lequel on le tient généralement et par-delà même l'objet d'amour particulier des cinéphiles. *Le cinéma dans le siècle et le siècle dans le cinéma*, à la fois l'image de sa réalité et l'imaginaire qui hante ses salles obscures, engageant donc tout de l'homme de ce temps, le cinéma apparaît enfin dans ces *Histoire(s)* tel qu'il est : la *fabrique du siècle*, sa forme d'art majeure et son centre.

L'amour du cinéma a des origines anthropologiques – un besoin d'image, de fiction et d'émotion –, mais son existence dépend de conditions culturelles précises liées au développement de la technique et à la vie anonyme des grandes villes. Les films, quant à eux, sont des créations historiques qui réinventent constamment le désir du cinéma en lui découvrant des sens et des possibilités.

C'est de l'« image de la réalité » que viennent l'extraordinaire puissance et la diversité du cinéma. Malgré son apparente simplicité, cette formule désigne un phénomène complexe, le rapport contradictoire entre la magie de l'image et la révélation de la réalité. Cette relation, qui a fait la richesse du cinéma, est aujourd'hui menacée par la prolifération des images et leur prétention de remplacer la réalité.

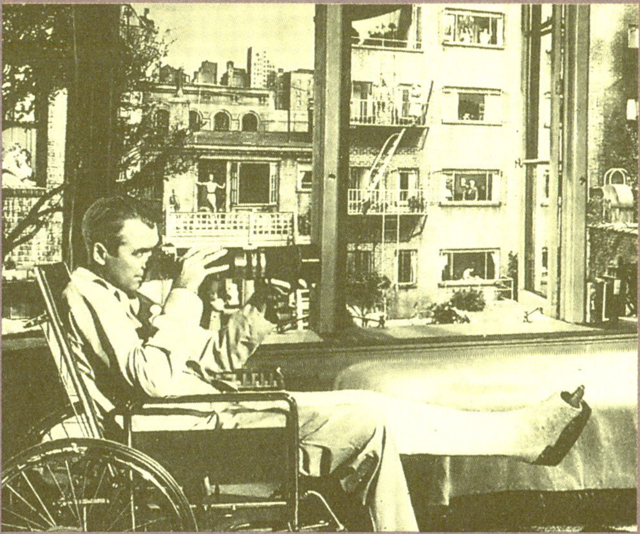

Puissance et désenchantement de l'image

James Stewart dans *Fenêtre sur cour* d'Alfred Hitchcock, 1954 *(page précédente). Le spectateur de cinéma est immobile tout en étant omniprésent et omnivoyant. Grâce à l'appareil de prise de vues et aux moyens du cinéma, il construit et découvre une histoire et un sens dans la réalité.* Ph. © Cinestar.

La puissance de l'image sur nous est immense. Elle est notre lien magico-mimétique avec le monde et notre moyen de le connaître. Car le monde ne devient visible pour nous, depuis les peintures pariétales, qu'à la condition de ce retrait dans la profondeur de la terre, dans la chambre noire, loin du donné et de la visibilité immédiate. Ainsi, le monde devenant image se rend visible pour nous et accède à l'existence, non plus dans la sensibilité et l'identité avec le monde que nous avons perdues en quittant le règne animal, mais dans la distance et la séparation de l'image et de la langue, l'une et l'autre événements d'ordre symbolique et mental.

Mais de l'image nous tenons aussi notre identité : ce moi spéculaire qui nous constitue et nous aliène. L'image est ce lien implicite où, par cette identification qui nous marque, nous entrons dans le champ des identifications collectives ou, plutôt, où ces identifications entrent dans notre champ et nous constituent. Mais l'image n'a pas à être ressemblante. Elle ne l'a pas été dans nombre de mythes et de religions, même si une telle ressemblance fonde la religion du Christ. Le miroir peut ne comporter aucune image, comme dans le shintoïsme. Son lieu peut être l'absolu du vide, comme pour le judaïsme et l'islam. Mais l'image, ou son interdit qui en révèle la puissance, est notre chemin d'accès au symbolique.

Ce sont ces pouvoirs constitutifs et fascinants de l'image qui ont fait, pendant ce siècle, la puissance du cinéma. Dans notre monde, c'est la prolifération des images qui a ces fonctions multiples de connaissance, de lien magico-mimétique et mythico-symbolique. En même temps, par sa nature spécifique, elle possède une fonction de désenchantement. Parce que, telle qu'elle existe dans notre monde, l'image est totalement différente de ce qu'elle a pu être pendant des millénaires. Elle est un produit des techniques de reproduction qui, en principe, disparaissent du double, de l'*analogon*, de l'empreinte, de la trace qu'elles produisent, et même les images de synthèse et les réalités virtuelles participent de cette qualité et doivent en participer pour être crédibles, même si ce sont des images de « réalité » sans original, des images qui remplacent la réalité. Auparavant, l'image prétendait seulement à la ressemblance. Elle était rare, résultait d'un travail spécial. Seules certaines choses accédaient à l'image, qui était exposée dans certains lieux. L'image de reproduction est aujourd'hui partout, elle est de tout et faite par tous.

Avec la vidéo, on passe à un stade supérieur. C'est en principe la distance entre l'objet et son image qui tend à disparaître. On a déjà évoqué *L'Homme à la caméra* (*cf.* p. 40), ce film extraordinaire de Vertov qui cherche à faire coïncider le monde et sa reproduction cinématographique et n'y parvient, et encore, que dans l'utopie différée d'une œuvre. L'image photographique et l'image cinématographique sont marquées par la différence. La vidéo en temps réel prétend supprimer cette distance, mais, n'y réussissant pas, elle démultiplie infiniment les images. La distance, la dualité, sont infranchissables entre l'objet et son image : c'est le malheur de Narcisse, la brèche par laquelle nous sommes exposés au symbolique. C'est par là même, dans cette possibilité de distance symbolique entre la chose et son image, qu'il y a place pour l'art de l'image et de la parole, le cinéma, dans un monde constitué par la reproduction audiovisuelle et la prolifération des images.

La réalité de l'image

Le fait que le cinéma, image de reproduction technique de la réalité, soit devenu quasi immédiatement un instrument de magie, véhicule de fiction et d'identification collective, tient au caractère double de cette image, à la fois « image de la réalité » et « réalité de l'image ». Le présent chapitre et le suivant sont consacrés aux problèmes théoriques de cette dualité. Depuis les grottes peintes jusqu'au miroir, au monde spectral de la photographie, au double et à la métamorphose, tout un chemin sera parcouru qui explique la puissance magique de l'image cinématographique. Mais cette magie doit sa force d'être à l'image de la réalité. Ainsi, chacun des termes de la dualité renvoie à l'autre. Dès le cadrage, l'art s'affirme dans l'image de la réalité, et, dans les dispositifs du cinéma du réel, on retrouve toujours la présence humaine et son activité. Le cinéma n'est pas la révélation de la nature grâce à l'objectif en l'absence de l'homme, mais une création.

Le plus ancien mythe que l'on évoque en parlant des origines imaginaires du cinéma est le texte de Platon sur la caverne, où des hommes enchaînés regardent des ombres sur la paroi, loin du soleil du « monde intelligible », source de toute réalité. Bien que cela corresponde à une certaine fonction et efficacité du cinéma, celui-ci est loin d'y être réductible. On pourrait rappeler d'autres « cavernes aux images », bien plus concrètes et plus anciennes que ce mythe. Les images peintes des grottes préhistoriques ont un sens tout opposé aux ombres de Platon. Sans correspondre à un quelconque « monde intelligible », pour ceux qui les ont peintes, ces images étaient aussi vraies et réelles que le « monde intelligible » l'était pour Platon, d'une réalité et vérité sans doute plus grandes que ce que ces hommes voyaient et côtoyaient dehors sous le soleil. Voit-on quelque chose parce que simplement on le regarde ? Sinon, pourquoi avoir pénétré dans les entrailles de la terre, pour peindre ces images aussi ressemblantes ? Ne fallait-il pas ces gigantesques chambres noires pour que le monde devienne visible ? Est-ce que ce retrait loin du donné et de la visibilité immédiate et cette irréalité des images, dans leur distance et leur élévation-ostentation, ne sont pas la condition nécessaire pour que le monde se rende visible, accède à l'existence en se donnant à voir ?

Pour que le monde devienne visible, il faut que toute autre relation avec lui cesse afin que seule subsiste sa visibilité : il s'agit d'une expérience esthétique qui exige la suspension de tous les autres intérêts. On a dit souvent que si les gens sont allés au Grand Café, c'était pour voir l'image du train, que, s'ils avaient voulu voir un train, ils seraient allés à la gare, et encore, pris dans des milliers de relations différentes avec le monde, ils n'auraient jamais vu l'« arrivée d'un train en gare ». Ce qui était inhérent à la photographie – que toute chose puisse être retirée du flux du monde, pour devenir, dans un acte d'ostentation, simplement visible – se réalise complètement avec le cinéma, car le cinéma est ce geste d'élévation-ostentation de toute chose donnée à la vision. C'est pour cela que Louis Delluc avait appelé « photogénie » cette qualité que la caméra ajoute au monde, ou plutôt, devrait-on dire, cette qualité qu'elle ajoute par un manque, en enlevant au monde sa substance, pour qu'il ne soit plus que visible.

Cette expérience qui engendre la première fascination du cinéma est celle de l'image. Mais l'image du cinéma n'apparaît pas comme un artefact ; elle est un artefact qui reproduit la réalité. L'autre antécédent de l'image du cinéma est le miroir. En miroir toute chose accède à une présence d'absence qui est la caractéristique fascinante et énigmatique de toute image. Là où l'ordinaire cesse d'être. Ce caractère de présence d'absence, dans le miroir, fait l'attrait de l'image, même si la chose elle-même dans sa réalité est dépourvue d'intérêt : la fascination est pour l'image en tant que telle et non pas pour ce dont elle est l'image. Elle est fascinante parce qu'elle est ailleurs, immatérielle, lumineuse, brillante, inatteignable. C'est le monde de l'imaginaire, mais sous l'aspect du double de la réalité. Cette force magique du miroir, qui tient à cette image de la réalité, constitue aussi le caractère magique du cinéma.

L'image du miroir et l'image de l'écran, qui font de ce monde-ci déjà un autre monde, ne le font pas impunément : entre ce monde et son image immatérielle, il y a la mort. Cette mort est visible immédiatement dans la photographie. Tout l'art ancien de la ressemblance visait l'immortalité : la réalité phénoménale sauvée dans le monde idéal. La photographie est la réduction à ce qui est, à la condition éphémère et mortelle. Toute image photographique est ainsi la trace d'une absence, de quelque chose qui a été et n'est plus. Entre souvenir et fantôme, le deuil et la nostalgie sont inhérents à la photographie. Tout portrait photographique est l'image d'un défunt, la photographie d'un lieu, celle d'un lieu de crime. Sans doute y avait-il eu les portraits à la cire de Fayoum sur les momies : mais le regard de feu qu'ils posent sur nous est une interrogation à travers la mort, une interrogation sur la possible immortalité, non plus dans l'idéalisation – où tous les dieux et les pharaons se ressemblent –, mais l'immortalité individuelle contemporaine du christianisme. La photographie est la mort sans phrase, sans signification et rituel, sans promesse d'immortalité. Cette dimension spectrale a hanté le cinéma dès ses origines, et pas seulement avec l'image des morts-vivants. C'était le visage « blanc de farine » de tous les personnages en raison de la faible sensibilité de la pellicule et de l'éclairage violent : des ombres immatérielles bougeaient sur l'écran, des images venues du passé disparu. En l'absence de son, c'était comme plonger, à travers le tain du miroir, dans le monde des morts, mais la musique dans la salle (orchestre ou piano) et surtout l'action faisaient oublier cette impression.

Voyant apparaître cette mort dans la photo, Roland Barthes disait que le cinéma cache cette folie par la présence de l'être en acte. Bazin voyait dans le cinéma la momie du changement. Selon lui, le désir de la ressemblance viendrait d'un « complexe » de la momie, à l'origine des arts plastiques : il se serait agi de sauver de la mort, d'exorciser le temps, de sauver l'être par l'apparence. Garder une image du temps : ce désir archaïque sous-tend la réalité du cinéma. Or, tout film, cela est connu, en dehors des documents, ne se donne pas au moment de la vision, comme la mémoire du changement, mais comme quelque chose de présent. Même si le film est ancien et que l'on sait que les acteurs sont morts, on croit au présent des acteurs-personnages qui bougent sur l'écran comme des immortels. Cela n'aurait pas été le cas, s'il n'y avait pas eu fiction et action, car, dans un film de fiction, même les documents anciens deviennent une actualité présente : ainsi les images de la guerre de 1914-1918 dans *Jules et Jim* (François Truffaut, 1962) pendant que les deux amis font la guerre.

Le double et la métamorphose

Si l'image comme reflet ou double est liée à la mort, elle n'est cependant pas que cela, du moins en dehors de sa réduction photographique. *Le Cinéma ou l'Homme imaginaire*, d'Edgar Morin, est entièrement consacré à montrer que l'écran du cinéma est le lieu de l'apparition du double : puissance archaïque à la fois de mort et de métamorphose. Ainsi, l'image double liée à la mort est investie par les pouvoirs de désir et de crainte qui font du double la métamorphose, la projection, par le rêve, le mythe et la fiction, dans le monde magique qui vainc la mort. C'est à travers la duplicité profonde de l'image cinématographique que l'image reflet de Lumière s'est métamorphosée en l'image fantastique de Méliès. Celle-ci n'est pas une invention de Méliès, mais une qualité inhérente à l'image, en tant qu'image, que Méliès a fait apparaître. Le cinéma consiste donc en cette rencontre entre la fidélité réaliste de reflet et la virulence des puissances humaines de projection : la puissance affective magique, enfermée dans l'image, des terreurs de la mort et tout l'univers de sens, de fiction et de mythe, créé pour la vaincre – les prestiges de l'immortalité. C'est ce charme qui métamorphose sur l'écran l'image des choses banales et quotidiennes.

Cette dimension affective et magique, inconsciente, constitue la condition du fonctionnement de ce que l'on regarde comme la réalité cinématographique. Elle est très fortement utilisée par les films parce qu'elle rend possible la participation et l'identification cinématographique. L'image participe de la chose, le spectateur participe de l'image sur l'écran, fasciné par sa puissance de suggestion totale et irrésistible, à cause de sa réalité. De là naît cette symbiose qui intègre le spectateur dans le flux du film et le flux du film dans le flux psychique du spectateur. A travers le reflet du mouvement du monde, mais par le mouvement

Nicolaï Tcherkassov dans *Ivan le Terrible*, de S. M. Eisenstein, 1943-1945.
Le cinéma est la « réalité de l'image » : c'est la magie de Méliès et la réalisation du rêve du XIXᵉ siècle, c'est-à-dire une synthèse des arts dans l'œuvre d'art totale.
Ph. © coll. Cahiers du cinéma.

proprement cinématographique qu'elles créent, les techniques du cinéma sont des provocations, des accélérations, des intensifications de la projection-identification. Il se produit l'unité de la libido d'objet et de la libido narcissique, une perte de sentiment du moi dans l'identification avec l'image idéale qui érotise l'image sur l'écran, mais cette érotisation n'est que l'un des aspects d'un état d'affect et d'émotion généralisé. Selon Morin, là où l'évolution historique de l'humanité a travaillé à décanter deux mondes, celui du mythe et celui de la réalité, celui du rêve, de l'hallucination et du spectacle d'avec la perception pratique, le cinéma (et l'on devrait ajouter le cinéma classique) tend à la résurrection de la vision archaïque du monde en retrouvant la superposition à peu près exacte, dans une conjonction syncrétique, de la perception réaliste et de la vision magique.

L'obscurité de la salle, le relatif état de relaxation, le fait de voir sans être vu, absent et témoin d'un autre monde, un mélange d'état d'immobilité physique et de mobilité mentale font que le simple reflet du monde perçu le sera comme dans une similirelation au miroir, presque comme une hallucination, entre l'état de veille et de rêverie éveillée. Cet état mixte d'intense activité et de réceptivité régressive crée la force du cinéma, sa puissance violente de séduction, d'attirance et d'effroi. La croyance et la non-croyance inhérente à toute fiction – qui sans cela n'aurait pas d'effet affectif cognitif ni de support imaginaire – sont réalisées par les images projetées sur l'écran, qui fonctionnent selon des structures mythiques, et non dans la dimension de différence avec le mythe qui définit l'art moderne. Au cinéma, le donné réel devient l'élément de sa propre fabulation : l'imaginaire de la réalité et la réalité de l'imaginaire. Mais pour que cela advienne, il faut la garantie de cette illusion qu'il s'agit bien de l'« image de la réalité ».

L'image de la réalité

Le cinéma, à ses origines, était méprisé comme simple reproduction mécanique du monde. Les premiers théoriciens vont s'efforcer de montrer qu'il est un art, parce qu'il est, dans son essence même, un phénomène psychique. On voit du mouvement et, sur l'écran, n'existent que des images fixes ; on aperçoit de la profondeur là où il y a une surface plate ; on voit des êtres vivants présents, or il s'agit de taches d'ombre et de lumière. Le moindre film exige une activité mentale : attention, pensée, imagination, et ce sont ces activités qu'il met en jeu pour s'articuler en émotion, en sens, en espace et temps. L'image transcende, en tant qu'image et parce qu'elle est image, la réalité dont elle est l'image.

Cette métamorphose de la réalité en image commence dès le cadrage, qui exige choix d'objectif, de distance, d'angle et de lumière. Le cadrage lui-même, dans son principe, est spécifique à la photographie. Il y a certes toujours eu un cadre dans la peinture, infiniment plus important que pour la photographie, mais pas de « cadrage ». Le cadre d'un tableau détermine les coordonnées d'un univers intérieur au tableau, d'une totalité de sens, dont la substance se manifeste dans la composition. Le cadrage photographique est une découpe dans le flux continu et infini spatial et temporel du monde, un fragment où il n'y a pas de clôture de sens, et dont le hors-champ constitue en principe tout l'univers. Le cadrage cinématographique ne se contente pas d'être un cache ou une fenêtre, mais acquiert une valeur expressive par ses qualités plastiques propres : effet d'ombres et de lumières artificielles, de volumes, de lignes. En acquérant une réalité propre, le cadrage ne reste plus une fenêtre par rapport au monde, mais devient un miroir et une surface de projection mentale. A la différence du cadrage photographique, l'infinité de l'univers où le fragment cinématographique a été découpé est niée en tant qu'infinité pour devenir d'abord un hors-champ de fiction, réel ou imaginaire, grâce aux entrées et sorties des personnages dans le cadre et aux mouvements de la caméra. Il devient ensuite un hors-cadre par l'ensemble des relations purement mentales d'espace-temps et de sens créées par le montage. On en a donc déduit que la caméra ne reproduit pas, mais qu'elle est « productive ».

Le cinéma est à l'image des choses

Malgré cette idée de productivité, quelque chose d'incontournable résiste, quelque chose qui différencie l'image de cinéma des images gravées, peintes ou sculptées qui ont toujours existé. L'image du cinéma participe des choses, en est comme l'émanation. Au cinéma chaque être a l'air de ce qu'il est. Cela est évident même là où on l'attendrait le moins, dans ce qui est un pur effet de fiction : l'image de la star. Même si les *prime donne* ont été très importantes dans l'opéra, c'était à cause de leur voix et de l'art du chant. La star de cinéma ne représente pas un talent artistique, mais avant tout un ensemble de traits physiques et de caractères visibles. Et dans l'image, elle coïncide avec ce qu'elle est. Il n'y a, à proprement parler, pas d'« acteur » au cinéma. Au théâtre, les personnages s'incarnent en tel ou tel acteur. Au cinéma, c'est l'acteur qui s'incarne en personnage. Sur la scène, Hamlet est Laurence Olivier, sur l'écran, Laurence Olivier est Hamlet, et il reste peu de chose de la tragédie. Si les stars jouent, c'est d'une tout autre manière qu'au théâtre, et pas seulement pour d'évidentes raisons techniques (la nécessité d'être le moins théâtral possible, de contrôler le moindre geste, la capacité de recevoir la lumière, de respecter les distances et les angles d'exposition à la caméra, et surtout de jouer des fragments en désordre étalés dans l'espace et le temps). Mais avant tout, Lauren Bacall joue Lauren Bacall et Humphrey Bogart joue Humphrey Bogart, et tous deux prêtent leurs traits à des personnages de fiction, tout en restant constamment eux-mêmes. Plus tard, l'Actors Studio apprendra aux interprètes à jouer, dans tous les personnages, leur propre « complexe ». Un peu comme les dieux anciens qui se déguisaient en tel ou tel personnage, les stars se métamorphosent tout en restant reconnaissables : Garbo est toujours identique à elle-même. Mais comme les dieux anciens, les stars sont des figures, des images, et c'est contre elles que l'on a évoqué l'« image de la réalité ».

C'est après la constitution d'un cinéma classique (*cf.* p. 45) et son triomphe avec le parlant que les idées de reproduction, et de révélation de la réalité, prennent de l'importance, surtout avec le néoréalisme. A la limite, l'idée d'une rédemption de la réalité physique tend à exclure comme non cinématographique tout ce qui s'écarte de ce principe. C'est parce que l'expressionnisme allemand aurait ignoré ce principe essentiel du cinéma qu'il n'aurait pas su voir la montée du nazisme et qu'il aurait même participé à la création d'une situation psychique permettant son avènement. C'est parce qu'il aurait valorisé le montage contre le réalisme ontologique de l'image photographique qu'Eisenstein aurait transformé le cinéma en moyen idéologique d'influencer les masses. Mais il existe de nouvelles techniques qui excluent les manipulations de l'image et du montage et laissent le réel apparaître dans toute son « ambiguïté ». Le plan-séquence*, la prise de vues de longue durée, permet une continuité temporelle. L'objectif grand angulaire permet de photographier un champ à la fois plus large et plus profond, donc une continuité spatiale.

Ainsi, André Bazin a partagé le cinéma entre les cinéastes qui affectionnent les images et les relations des images au détriment de la réalité, et les metteurs en scène qui préfèrent la réalité. Pour Bazin, le montage n'est qu'un procédé littéraire, et tout ce que l'on a dit du cadre relève de la peinture : le cadrage du

Sylvia Bataille et Jane Marken dans *Partie de campagne* de Jean Renoir, 1936-1946.
Le cinéma est l'« image de la réalité » : c'est l'invention scientifique des frères Lumière, « derniers peintres impressionnistes » selon Jean Renoir qui a souvent préféré quitter les conventions du studio, comme ces peintres avaient délaissé celles de l'atelier.
Ph. © Cinestar.

cinéma est une fenêtre, un cache. Les virtualités esthétiques de la photographie résident dans la révélation du réel, qui privilégie le rapport de l'image à ce dont elle est l'image, à ce qui de la réalité vient se révéler dans l'image (et on a vu l'influence de cette idée sur le cinéma depuis la Nouvelle Vague, *cf.* p. 66). Dans cet effacement de l'image devant le réel, le monde se donne en tant que monde, avant toute intention, énoncé ou abstraction, et se manifeste dans sa réalité première : le cinéma est la révélation de la nature grâce à l'objectif en l'absence de l'homme, l'image d'un monde que nous ne savions pas, ou ne pouvions pas, voir. Justement, pourrait-on répliquer, parce que jusque-là nous étions dans le monde et non devant son image !

L'image de reproduction est un double déjà et la trace d'une absence, qui marque le résultat. Cette absence ne semble devenir la révélation de la présence du monde sur l'écran que si l'on croit que le film ne se pense pas, mais qu'il se perçoit seulement. Il s'agit en fait de la conjonction d'un produit de la haute technologie, l'image de reproduction, et d'une attitude magico-mimétique et archaïque sur laquelle fonctionne la fascination du cinéma. Car la moindre pensée, la moindre rupture dans cette présence à soi de l'homme au monde, mettent en doute cette révélation du monde. Ainsi du photographe d'*Alice dans les villes* (*Alice in den Städten*, Wenders, RFA, 1973), qui fait des photos pour se prouver que les choses et lui-même existent et ne découvre toujours que des différences entre l'image et la réalité. Seule la petite fille vit dans une présence au monde et elle ne fait pas de photographie. Le cinéma peut révéler la réalité, non pas nécessairement la présence à laquelle on s'attend, mais la mort, par exemple, plus conforme à l'essence de la reproduction technique. Ainsi le cadavre que découvre le photographe de *Blow Up* (Antonioni, Grande-Bretagne, 1967), en agrandissant un négatif pris au hasard. Cependant, même cela disparaît des agrandissements suivants pour laisser l'image se métamorphoser en totale abstraction, où ne subsiste plus rien du réalisme ontologique de l'image photographique.

La croyance à la réalité de l'événement

C'est que, pour Bazin, le cinéma est la momie du changement, l'image du temps, que la moindre coupure peut tuer. Bazin connaît les limites de la manifestation de la réalité, ce qu'il exige – ce que demandent d'ailleurs, en principe, les spectateurs du « cinéma du samedi soir » –, c'est que nous puissions croire à la réalité des événements en les sachant truqués. L'écran reproduit alors le flux et le reflux de notre imagination qui se nourrit de la réalité à laquelle elle projette de se substituer, la fable naît de l'expérience qu'elle transcende : l'imagination prend sur l'écran une densité spatiale. Voilà qui définit parfaitement le cinéma classique. Le réalisme ontologique du cinéma est une illusion, il suffit de sauvegarder la vraisemblance, de couper le moins possible et de monter « invisible ». Ce réalisme est de l'ordre de la certitude et de la croyance. L'erreur serait de le prendre pour la vérité. Certes, l'art se sert souvent du mensonge pour accéder à la vérité, mais pourquoi serait-il réductible au seul respect de la vraisemblance ? Le cinéma moderne en a fait souvent l'économie.

Bazin trouve sa « réalité » surtout dans les documentaires et films d'exploration, comme *Nanouk l'Esquimau* de Robert Flaherty (*Nanook of the North*, États-Unis, 1922). On pourrait aussi bien prendre un autre film de Flaherty, *L'Homme d'Aran* (*Man of Aran*,

Grande-Bretagne, 1934), l'un des plus beaux films de l'histoire du cinéma, la réalisation de ce que les philosophes de la fin du XVIIIe siècle avaient appelé le « sublime de la nature » : personne n'a filmé l'affrontement de la mer, de la terre et de l'homme avec cette force. Le film est centré sur une famille de pêcheurs. L'homme, qui avait déjà quitté l'île depuis un certain temps pour aller travailler sur le continent, est revenu à la demande de Flaherty qui le trouvait photogénique. La femme et l'enfant sont des insulaires, mais ne sont pas mère et enfant. La scène centrale de la chasse au requin a redonné vie à une pratique abandonnée et oubliée depuis soixante ans ; dans la scène finale de la tempête, Flaherty a forcé les pêcheurs à prendre la mer. La révélation de la réalité, que l'on croyait apparaître en l'absence de l'homme, est bel et bien le résultat d'une intention et d'une extrême violence, sinon elle ne se manifesterait pas. Les plus honnêtes des cinéastes du « réel » le savent et le disent. Ainsi, au risque de déplaire en exposant le dispositif là où l'on s'attendait à la révélation du réel, Abbas Kiarostami a montré dans *Au travers des oliviers* (*Zir-e Derakhtan-e zeitun*, Iran, 1995) que ce que l'on avait cru être l'image de la réalité dans *Et la vie continue...* (*Va Zendegi edameh darad*, 1993) était, à l'exception des ruines du tremblement de terre, une reconstruction. Mais, à y regarder attentivement, on voit que les premières « Vues » Lumière étaient déjà des mises en scène.

Cependant, à vouloir la considérer comme un absolu – chose que Bazin ne fait pas – cette forme de manifestation du réel prend le sens limité d'une révélation de la « nature ». En effet, les hommes des films de Flaherty comme ceux des films de Kiarostami vivent dans l'état de nature, bien avant la civilisation moderne en tout cas. Or, on ne peut pas dire que la civilisation moderne soit dépourvue de réalité. Celle-ci est infiniment complexe, rien n'y est présent à soi dans une unité minimale d'espace et de temps, comme le voudrait le désir archaïque de présence à soi. L'art moderne et le cinéma ont ainsi créé le montage, le réseau, les constellations, etc., pour pouvoir s'en approcher. Il se pourrait d'ailleurs que cette nature destructrice et pourtant paradisiaque que l'on voit chez Flaherty et Kiarostami soit un peu expurgée à l'avance. On avait reproché à Flaherty d'avoir fait silence sur l'exploitation sociale qui sévissait dans l'île. Il avait eu raison de le faire, car son film n'aurait pas été aussi beau ni aussi fort, à moins de prendre un autre chemin esthétique, du côté de *La Ligne générale* d'Eisenstein.

La question des relations entre la caméra et le filmé se double de celle des rapports du spectateur de la salle obscure avec l'image. Il ne s'agit plus du caractère incontestable de la révélation du monde par le cinéma, mais de celui, contestable, de l'image de la réalité. Au plus fort de la crise moderniste, on s'en est pris à l'« appareil », à sa prétendue neutralité et « objectivité », au caractère non « naturel » de l'image : elle suppose toute la tradition occidentale de la perspective et aussi de la subjectivité au fondement de la représentation ; et même si avec les changements des plans la prééminence d'un « point de vue » est détruite, une autre continuité est constituée par la narration « réaliste » et les sutures du montage invisible. Un plan sonore est le résultat d'un ensemble d'activités et d'une pénétration de la technique dans le monde, de sorte que, là aussi, la réalité est devenue la plus artificielle de toutes et qu'au pays de la technique la saisie immédiate de la réalité est désormais comme une fleur bleue.

Malgré tout cela, ce que le cinéma révèle, chaque fois, était et reste du jamais vu. Ce qui était évident immédiatement avec le gros plan définit, d'une certaine manière, tout plan du cinéma, qui cadre, isole, met à distance, donne à voir. Beaucoup de cinéastes espèrent donc voir se produire l'imprévu avec chaque prise, comme un acte de naissance du cinéma. Pour que, même s'il s'agit de dispositif et de mise en scène, l'écran devienne le lieu de révélation de l'inattendu produit par l'artifice même de l'acte de filmage qui n'enregistre pas mais, étant là, provoque l'événement. Ce qui s'approche dangereusement aujourd'hui des différents modes de psychodrame télévisé en direct : tout simplement la mort du cinéma.

Nostalgie : le « celluloïd magique » et l'« image émouvante »

Le mythe du cinéma total de Bazin, « recréer le monde à son image », est d'une certaine manière le projet du cinéaste Friedrich Monroe dans *Lisbonne Story*, 1995, petit film de Wim Wenders sur le nouvel « état des choses », le centenaire du cinéma et sa situation actuelle. Le cinéma montrait, racontait des histoires, le cinéma vend des images au rabais, dit Monroe, c'est pourquoi il faut revenir au commencement, à Lumière, à Vertov. Il en est ainsi venu à quelque chose dont même Bazin n'avait pas rêvé. Dans un élan d'amour de mystique vagabond pour le monde, le cinéaste s'est accroché au dos un petit appareil qui filme le monde, tandis que lui-même marche inlassablement, sans vision ni visée, sans regard au viseur ou vers ce qui dans son dos est en train d'être filmé. Ainsi, la révélation du monde par l'objectif en l'absence de l'homme devient tout à fait effective, sans qu'aucun regard, aucune subjectivité, la souille, car sinon la caméra redeviendrait une arme et, en regardant les choses, les tuerait. D'ailleurs, ce qui a été enregistré, sans jamais avoir été vu par personne, est emmagasiné dans un cinéma à moitié tombé en ruine : le cinéma Paris, du nom de l'autre « ville cinéma » – celle de son invention, de sa Cinémathèque, de ses théoriciens et de ses avant-gardes successives de cinéastes qui marquèrent beaucoup d'autres réalisateurs à travers le monde. Car regarder ces images, ce serait les métamorphoser en images-marchandises, c'est-à-dire les transformer en poubelle. Il s'agit au contraire de les sauvegarder pures pour les générations futures. Ainsi est réalisé le mythe du cinéma comme mémoire du temps.

A cette situation de désespoir radical, qui est celle de beaucoup de cinéastes devant la prolifération de l'image-marchandise, *Lisbonne Story* répond par le discours du grand cinéaste portugais Manoel de Oliveira et aussi par une fiction. Dès que l'on a fait une image, ce qui a été filmé, dit Oliveira, a disparu. Donc l'image est un fantôme. Est-elle une mémoire ? Cela n'est pas sûr. Donc prétendre à l'identité de l'image et de la chose qui avait été filmée, et à l'authenticité de l'image comme mémoire sauvegardée de ce qui a été, n'a aucun sens. De plus, Dieu a créé l'Univers. Mais si l'homme n'existait pas, l'Univers n'existerait pas. C'est pourquoi une image reflétée du monde n'a ni sens ni but. Puisque Dieu a créé le monde, il s'agit de faire comme lui et de créer des mondes : c'est ce que font les artistes.

Quant à Wenders lui-même, au radicalisme moderne, il oppose le postmoderne retour à l'enfance. Et l'enfance du cinéma est le burlesque : le vieil Oliveira jouant Charlot dans la rue ou, à la Keaton du *Cameraman*, 1928, les deux cinéastes à la fin, avec leur caméra et leur trépied du muet, prenant la fuite devant le tramway. Mais le cinéma n'est pas que l'« image mouvante » (*motion picture*) ; il est l'« image émouvante » (*emotion picture*), répète Wenders. L'émotion a ici sa forme d'origine : la romance, l'amour de l'un des deux protagonistes du film pour une chanteuse, présente tout le long par le charme de sa voix. La romance, l'autre source du cinéma, et à travers le chant, le rapport secret et souterrain qui lie le cinéma au spectacle qu'il a remplacé : l'opéra. Donc, si le cinéma a été l'un des grands mythes de ce siècle, ce n'était pas seulement parce qu'il montrait l'image de la réalité – chose que la télévision prétend, avec beaucoup de mensonge, pouvoir faire mieux et jusqu'à la nausée –, c'était par la puissance du « celluloïd magique ».

Le cinéma menacé par la prolifération des images

Dans son concept, la télévision est, ou est supposée être, le temps réel, le direct. Elle détruit toute distance, conduit les choses dans la proximité et les met à notre disposition dans une relation de familiarité, d'immédiateté et de singularité. Elle rend ainsi obsolète, dans la relation à l'image, la distance et l'universalité nécessaires à toute constitution de forme, mais, par là même, détruit toute différence entre image et réalité.

Le couplage de la télévision avec la publicité a produit notre « réalité » où un univers créé par la marchandise contemple sa propre image. Univers du mouvement perpétuel de l'image-information-marchandise, dans une répétition qui produit l'immobilité, l'absence de temps et des moments identiques et égaux, mesurés par leur valeur pour les annonceurs et par le prix de la location des ondes. C'est bien là qu'il y a pour la première fois une relation de reflet entre le monde et l'image : la réalité devenant spectacle et le spectacle réalité.

Dans ce monde de la téléprésence, de multimédia, de la marchandise absolue et de leur essence publicitaire, il y a profusion des images et rien à voir. Il existe une obscénité inhérente à l'image de reproduction : elle livre le corps, la souffrance, la mort d'autrui aux yeux du premier venu, qui ne se trouve pas dans le champ de force de l'objet, mais regarde, dans l'indifférence, sa réduction à l'image. La reproduction généralisée, que rien n'arrête au nom de l'information et de la transparence, ne laisse pas de secret et détruit l'effet de voile inhérent à la beauté. Avec la télévision, et dans la mesure où la télévision « couvre » tout, cette obscénité s'est projetée sur le monde entier. En même temps, cette obscénité du monde donnée en spectacle empêche tout « spectacle » de s'instituer et de prendre forme.

Mais le cinéma n'a encore presque rien réalisé de ses potentialités. La question de cette réalisation se résume, actuellement, en un mot : l'argent. Les autres écueils, le cinéma les partage avec les autres arts. D'abord, le fait qu'en tout art, et depuis toujours, la création a été chose rare et difficile, qu'il y a toujours eu beaucoup d'appelés et très peu d'élus. Ensuite, la situation générale et actuelle du monde et le désenchantement en tout genre, jusqu'aux idées de l'absence de sens, de l'impossible et du désenchantement, qui sont devenues obsolètes, rendent aujourd'hui extrêmement problématique toute création en art, en littérature. Enfin, ce qui semble être la cause de cette situation générale, c'est la mainmise sur la terre entière de l'industrie culturelle, en tant que lieu de rencontre et d'alliance de la haute finance et de la manière d'être des classes moyennes.

Or, sur ce fond et cette question générale, la situation du cinéma se complique. Il est d'abord menacé par la branche la plus combative de l'industrie culturelle, c'est-à-dire la télévision, avec laquelle il a beaucoup de points en commun. Ensuite, le cinéma est lui-même l'une des branches florissantes de l'industrie culturelle. De quelque qualité que soit un film, il faut de l'argent pour le produire, pour le distribuer, pour le vendre, et il faut donc beaucoup de gens pour rentabiliser le produit. On retrouve donc, aux deux bouts de la chaîne, les deux partenaires de l'alliance déjà évoquée, la haute finance et les classes moyennes ; le lieu de leur rencontre, l'industrie culturelle ; et son milieu naturel, la publicité.

C'est cette situation qui rend l'existence des films difficile. Il y a eu un divorce entre l'art, la musique, la littérature moderne et le public, mais, à cause de l'argent, le cinéma ne peut pas se passer de public. C'est essentiellement là que réside le problème : on peut espérer qu'un tableau, une musique, un livre trouvent quelques années plus tard leur réception, car on pense malgré tout que les œuvres de l'esprit ne sont pas destinées aux dieux morts mais aux êtres vivants. Cependant, à cause de l'argent, un film ne peut pas attendre ou, s'il le fait, il n'y aura pas de deuxième film.

Il n'est pas question ici de vouloir opposer un cinéma d'auteur à un cinéma qui ne le serait pas. Parlant des écrivains, Chesterton disait que tout le monde a besoin de fiction, peu de gens de littérature. L'art et la littérature pouvant se définir comme ce qui, par l'authenticité de ses matériaux et ses formes, se met et met l'existence de l'homme et du monde en jeu. La fiction n'a pas ce but. Autrement dit, Alexandre Dumas n'est pas Flaubert, même s'il est un génie à sa manière. Toute une partie de l'impact et de la force du cinéma hollywoodien tenait à sa capacité de produire de la fiction, l'illusion d'un monde irréel, et il ne s'en cachait pas. Mais, par l'effet de cette nouvelle situation, l'illusion s'est transformée en simulacre. On ne cache plus du tout que les films sont des gadgets, des objets à jeter, que ce ne sont plus que des simulacres destinés à soutenir une publicité préalable où on annonce au monde l'argent investi, suivie d'une autre publicité qui informera le monde de l'argent que l'on a gagné. La dépense et l'étalage des moyens deviennent la substance des films. A l'aide des images de synthèse, ils ressemblent de plus en plus aux fantaisies de bande dessinée et aux jeux vidéo : c'est cela qui définit les grandes productions hollywoodiennes d'aujourd'hui. Les produits actuels fatiguent plus qu'ils ne divertissent : avec l'idée de pleine exploitation des techniques et des effets esthétiques, ils frustrent le consommateur de ce qu'ils avaient promis. Les meilleurs films hollywoodiens sont ceux où le déchaînement de la technique devient source de peur en lui-même : la terreur mythique ayant quitté la nature pour devenir celle de la technique qui avait été développée pour la vaincre. Dans ses grandes productions, le cinéma ancien créait un monde de désir, d'imaginaire et d'illusion, le cinéma post-télévisuel crée un monde réfrigéré de fantaisie et de simulacre. Un univers de pure possibilité, où rien n'est possible, parce que rien n'y est réel, car la réalité a été soufflée par le spectacle de la marchandise fonctionnant pour ainsi dire en circuit fermé.

Ainsi s'agit-il pour le cinéma, dans ces conditions difficiles, non seulement de défendre la création, le non encore advenu dans le réel, mais aussi la fiction comme possibilité d'autre chose. Il s'agit donc toujours pour le cinéma de continuer le double héritage de Lumière et de Méliès et, contre les simulacres qui vont de plus en plus nous dominer, garder ouverts, pour nous, les champs de la réalité et de la fiction, cette double nature caractéristique de son essence d'être à la fois l'image de la réalité et la réalité de l'image.

A N N E X E S

Glossaire

Champ : espace découpé par le cadrage au moment de la prise de vues, et espace visible à la projection, délimité par les quatre bords de l'écran. Selon la longueur des foyers des objectifs, cet espace peut être vaste ou étroit, plat ou profond. Avec les foyers courts, on parle de « profondeur de champ ».
Champ-contrechamp : figure de style courante dont l'utilisation la plus simple consiste à montrer en alternance deux personnes qui dialoguent. Mais il y a un contrechamp chaque fois qu'un plan répond à un point de vue impliqué dans le plan qui le précède.

Hors-champ : espace qui entoure le champ, c'est-à-dire l'espace dans lequel le champ a été découpé par le cadrage. Invisible, le hors-champ peut devenir visible par un mouvement de la caméra et se transforme alors en champ. Avec le cinéma parlant, le hors-champ invisible peut être audible. Provenant de cette réalité imaginaire, un élément peut ainsi apparaître dans le champ, puis y retourner en quittant celui-ci. En principe, le hors-champ est aussi vaste que l'univers où un champ a été cadré.

Montage : un film se compose, en principe, d'un grand nombre de plans. Mécaniquement, le montage consiste à coller ces plans les uns derrière les autres, esthétiquement, à leur donner une articulation, un sens et un rythme. Dans les formes simples de narration linéaire, le montage raccorde les plans dans une continuité, de façon à rendre invisibles les changements de plans. Dans les formes complexes, il affirme au contraire les coupures entre les plans et la discontinuité constitutive des films.

Panoramique : un appareil de prise de vues est en général fixé sur un pied ou sur un autre support. Si l'appareil pivote sur son axe, lorsque son support reste immobile, il effectue un « mouvement de panoramique ».

Plan : en quelque sorte l'élément de base cinématographique. Techniquement, un plan se définit par l'unité de la prise de vues et, en principe, par la taille (un homme en pied dans un décor sera en plan d'ensemble, mais son visage seul agrandi sur l'écran sera en gros plan, etc.). Les chargeurs de pellicule du Cinématographe Lumière ne permettaient pas de dépasser une minute et l'impossibilité de cet appareil de pivoter sur son support limitait pratiquement le plan à un cadre fixe. Mais, avec les techniques actuelles, un plan peut durer plusieurs heures et il peut filmer dans un déplacement compliqué, de sorte que, dans la continuité de prise de vues, le terme de plan n'a aucun sens. Si le plan est si difficile à définir, c'est qu'il n'est pas un terme technique, mais un élément de style que chaque film moderne redéfinit dans un sens spécifique.

Plan-séquence : techniquement, continuité de prise de vues de longue durée et en mouvement, qui permet d'éviter la multiplication des plans. Mais son sens est surtout stylistique. En combinaison avec la « profondeur de champ » (voir champ), l'utilisation du plan-séquence a introduit une conception différente du temps, de la narration et du drame par rapport à celle fondée sur la multiplication des plans.

Travelling : terme pseudo-anglais (dépourvu de ce sens et de cet usage dans cette langue) inventé par les Français. Il désigne un mouvement de caméra lorsque c'est le support de fixation de l'appareil qui bouge. Le premier travelling aurait été réalisé par un opérateur Lumière qui avait installé son appareil sur une gondole à Venise. Pendant longtemps, la caméra était placée sur un chariot que l'on poussait sur des rails pour empêcher les secousses. A cette pratique de base s'est ajoutée la possibilité de fixer la caméra sur une grue, aujourd'hui dirigée par télécommande.

Bibliographie

On ne saurait trop recommander la lecture des livres de Gilles Deleuze pour leur richesse théorique et historique, incontournable et inépuisable, et surtout à ceux qui disposent de peu de temps pour entreprendre des recherches personnelles à travers une longue bibliographie :
DELEUZE, G., *Cinéma 1 : l'image-mouvement*, *Cinéma 2 : l'image-temps*, Minuit, 1983 et 1985.

À propos des fondements anthropologiques et de la puissance magique du cinéma, il faut lire l'ouvrage fondamental d'Edgar Morin :
MORIN, E., *Le Cinéma ou l'homme imaginaire*, Minuit, 1978.

Quant à la question de « la reproduction technique » et de « la spécificité du cinéma », la connaissance des deux perspectives opposées de Walter Benjamin et d'André Bazin est indispensable :
BAZIN, A. *Qu'est-ce que le cinéma ?*, Le Cerf, 1975.
BENJAMIN, W., *Œuvres III*, Folio-essais, Gallimard, 2000.

Index

(Les pages en *italique* renvoient aux illustrations.)

Dans la même collection

Art, culture

Architecture et Modernité de Daniel Pinson (n° 100)
L'Art contemporain de Catherine Millet (n° 120)
La Bande dessinée de Benoît Peeters (n° 14)
Illusionnisme et Magie de Stefan Alzaris (n° 191)
Le Jazz de Philippe Hucher (n° 90)
La Langue française d'Ada Giusti (n° 119)
Les Langues régionales de Jean Sibille (n° 220)
La Littérature érotique de Jean-Jacques Pauvert (n° 219)
Le Marché de l'art de Raymonde Moulin (n° 196)
Le Métissage de François Laplantine et Alexis Nouss (n° 145)
Le Multiculturalisme de Fred Constant (n° 204)
Le Paysage de François Béguin (n° 77)

Spiritualités, philosophie

Le Bouddhisme de Bernard Faure (n° 109)
Le Bouddhisme zen de Dominique Dussaussoy (n° 226)
Les Chamans, hier et aujourd'hui de Jean-Patrick Costa (n° 230)
Les Chrétiens orthodoxes de Michel Evdokimov (n° 214)
Le Coran d'Azzedine Guellouz (n° 108)
Le Développement personnel de Michel Lacroix (n° 205)
La Franc-Maçonnerie de Pierre Simon (n° 153)
L'Idéologie du New Age de Michel Lacroix (n° 98)
Invitation au Talmud de Marc-Alain Ouaknin (n° 224)

Jean-Paul II de Dominique Chivot (n° 221)
Jésus-Christ de Michel Quesnel (n° 42)
Lire la Bible de Roland Meynet (n° 92)
Le Mal de Michel Lacroix (n° 166)
La Métaphysique de Nayla Farouki (n° 79)
La Morale et sa philosophie d'Anne Baudart (n° 165)
La Mort dans les religions d'Asie de Bernard Faure (n° 29)
La Philosophie politique d'Anne Baudart (n° 106)
Le Protestantisme de Laurent Gagnebin (n° 122)
Les Religions dans le monde d'Odon Vallet (n° 48)
Sagesses chinoises de Jean de Miribel et Léon Vandermeersch (n° 128)
Les Théories de la connaissance, Jean-Michel Besnier (n° 105)

Achevé d'imprimer en septembre 2001
sur les presses de
l'imprimerie Hérissey à Évreux
N° d'éditeur : FC 542802
N° d'imprimeur : 90688
Dépôt légal : octobre 2001